घरेलू उपचार
– जड़ी बूटियों द्वारा

सरल नुस्खों से आसान उपचार

डॉ. आर.पी. पाराशर
(आयुर्वेद विशेषज्ञ एवं मनोचिकित्सक)

वी एण्ड एस पब्लिशर्स

प्रकाशक

वी एण्ड एस पब्लिशर्स

F-2/16, अंसारी रोड, दरियागंज, नई दिल्ली-110002
☎ 23240026, 23240027 • फैक्स: 011-23240028
E-mail: info@vspublishers.com • *Website:* www.vspublishers.com

क्षेत्रीय कार्यालय : हैदराबाद
5-1-707/1, ब्रिज भवन (सेन्ट्रल बैंक ऑफ इण्डिया लेन के पास)
बैंक स्ट्रीट, कोटी, हैदराबाद-500 095
☎ 040-24737290
E-mail: vspublishershyd@gmail.com

शाखा : मुम्बई
जयवंत इंडस्ट्रिअल इस्टेट, 2nd फ्लोर - 222,
तारदेव रोड अपोजिट सोबो सेन्ट्रल मॉल, मुम्बई - 400 034
☎ 022-23510736
E-mail: vspublishersmum@gmail.com

फ़ॉलो करें:

हमारी सभी पुस्तकें **www.vspublishers.com** पर उपलब्ध हैं

© **कॉपीराइट:** वी एण्ड एस पब्लिशर्स

संस्करण: 2017

भारतीय कॉपीराइट एक्ट के अन्तर्गत इस पुस्तक के तथा इसमें समाहित सारी सामग्री (रेखा व छायाचित्रों सहित) के सर्वाधिकार प्रकाशक के पास सुरक्षित हैं। इसलिए कोई भी सज्जन इस पुस्तक का नाम, टाइटल डिजाइन, अन्दर का मैटर व चित्र आदि आंशिक या पूर्ण रूप से तोड़-मरोड़ कर एवं किसी भी भाषा में छापने व प्रकाशित करने का साहस न करें, अन्यथा कानूनी तौर पर वे हर्जे-खर्चे व हानि के जिम्मेदार होंगे।

मुद्रक: रेप्रो नॉलेजकास्ट लिमीटेड, ठाणे

प्रकाशकीय

'वी एण्ड एस पब्लिशर्स' पिछले अनेक वर्षों से जनहित सम्बन्धी पुस्तकें प्रकाशित करते आ रहे हैं। पुस्तक प्रकाशन के क्रम में इस बार हमने 'घरेलू उपचार – जड़ी बूटियों द्वारा' पुस्तक प्रकाशित किया है।

प्रस्तुत पुस्तक में प्रत्येक घर में पाए जाने वाले सर्व साधारण जड़ी-बूटियों, फल-सब्जियों व अनाज-मसालों द्वारा भिन्न-भिन्न प्रकार की बीमारियों के इलाज की जानकारी आम लोगों के बोलचाल की भाषा में दी गई है। नित्य प्रति महँगी हो रही अंग्रेजी चिकित्सा के चलते अब यह आवश्यक हो गया है कि अपने आस-पास आसानी से सुलभ जड़ी-बूटियों के गुणों तथा सामान्य रोगों में उनकी उपयोगिता का ज्ञान देश के प्रत्येक नागरिक को हो।

हमें विश्वास है कि यह पुस्तक हमारे सुधी पाठकों को अवश्य पसंद आएगी। किसी भी प्रकार के सुझाव या त्रुटि की जानकारी के लिए आपके पत्र व इमेल हमारे पते सादर आमंत्रित हैं।

विषय-सूची

नाड़ी सम्बन्धी रोग 7
सिर दर्द 7
आधा सीरी 8
गृध्रसी 10
अर्दित 11
ज्वर 13
ज्वर 13
न्यूमोनिया (फुफ्फुस शोध) 15
मलेरिया 17
मियादी बुखार 18
मानसिक रोग 20
मिर्गी 20
हिस्टीरिया 22
विषाद 23
उन्माद 24
मनोयौन रोग 26
स्वप्नदोष 26
शीघ्रपतन 27
प्रोस्टेट ग्रंथि वृद्धि 29
नपुंसकता 30
दांतों व मसूढ़ों के रोग 35
दांतों का मसूढ़ों का सामान्य रोग 35
गले के रोग 38
गले की सूजन (खराश) 38
गलग्रंथि शोथ 39
आंखों के रोग 41

नेत्रशोध	41
मोतियाबिंद	42
दृष्टिमंदता	43
गुहेरी (पलकों में दानें निकलना)	44
रात्रि अंधता (रतौंधी)	45
नाक-कान, गले के रोग	**47**
नासास्रोत शोथ	47
बहरापन	48
कान दर्द	49
कान बहना	51
त्वचा रोग	**53**
शीतपित्त	53
फोड़े-फुंसियां	54
दाद	55
खुजली	56
बिवाई	57
एथलीट पांव	58
मस्से	59
कुनख	60
सफेद दाग	60
मंडल रोग	62
कुष्ठ	63
एग्जिमा	64

नाड़ी संबंधी रोग

सिर दर्द
(Headache)

कारण

यह एक सर्वव्यापी समस्या है, जो किसी भी आयु वर्ग में कभी-न-कभी देखने को मिलती है। सिर दर्द वास्तव में अनेक रोगों के लक्षण के रूप में मिलता है। मानसिक रोगों जैसे चिंता, शोक, क्रोध, अनिद्रा के अलावा शारीरिक रोगों कब्ज, कमजोरी, साइनोसाइटिस आदि में सिर दर्द की शिकायत मुख्य रूप से मिलती है। शारीरिक व मानसिक, दोनों ही प्रकार के रोगों में बदलती हुई दोषपूर्ण जीवनशैली मुख्य रूप से जिम्मेवार है। आयुर्वेद में शिरो रोग के अंतर्गत वर्णित इस रोग के 10 भेद किए गए हैं। यदि लंबे समय तक सिर दर्द बना रहे, तो चिकित्सक से जांच करा कर मूल रोग की चिकित्सा कराएं। निम्नलिखित योगों का प्रयोग सिर दर्द के सामान्य उपचार के रूप में कर सकते हैं—

- नौसादर और चूना बारीक करके शीशी में कड़ी डाट लगाकर रखें। इसे सूंघने से सिर दर्द में तुरंत लाभ होता है।
- सिर और माथे पर बादाम रोगन की मालिश करें।
- काली मिर्च का चूर्ण भांगरे के स्वरस के साथ पीसकर नस्य लें।
- भांगरे के रस में बराबर का दूध मिलाकर प्रयोग करें।
- आक के पत्ते गर्म करके सिर पर बांधें।
- तारपीन के तेल में थोड़ा कपूर मिलाकर नस्य लें।
- तुलसी के पत्ते कूट-पीसकर छान लें। यह चूर्ण नसवार की भांति सूंघने से सिर दर्द दूर हो जाता है।

- छोटी इलायची के बीज बारीक पीसकर नसवार की तरह सूंघें।
- 5 ग्राम आकाशबेल को पानी या बकरी के दूध में घोटकर सुबह खाली पेट पिलाएं। एक-से दो सप्ताह तक दें।
- 1 भाग धनिया, 2 भाग उस्तेखद्दूस व 1 भाग काली मिर्च को कूट पीसकर चूर्ण बना लें। आधा चम्मच दवा सुबह खाली पेट लें। लगभग 10-15 दिन तक प्रयोग करें।
- यदि कब्ज के कारण सिर दर्द हो, तो रात को सोते समय एक चम्मच त्रिफले या आंवले का चूर्ण गर्म पानी से लें।
- यदि धूप में घूमने से सिर दर्द हो, मेहंदी के फूल सिरके में पीसकर माथे पर लेप करें।
- यदि ठंड में घूमने से सिर दर्द हुआ हो, तो दालचीनी को पानी के साथ पीसकर माथे पर लेप करें।
- आक के पत्तों का रस 2-2 बूंद दोनों नथुनों में डालें।

आयुर्वेदिक औषधियां

दशमूल तेल व षड्बिन्दु तेल, का नस्य सिर दर्द में लिया जाता है। खाने के लिए शिरःशूल वज्रादि रस, चंद्रकांता रस व महालक्ष्मी विलास रस का प्रयोग किया जाता है।

पेटेंट औषधियां

सिफाग्रेन गोलियां व नाक में डालने की दवा (चरक), गोदन्ती मिश्रण (बैद्यनाथ), ट्रेक्वीनील फोर्ट गोलियां (चरक)।

आधासीसी
(Migrain)

कारण

आयुर्वेद में इस रोग का उल्लेख अर्धावभेदक के नाम से आया है। इसका वेग कभी-कभी उठता है और दर्द कई घंटों तक रहता है। यह दर्द प्रायः आधे सिर में रहता है, लेकिन कभी-कभी पूरे सिर में और गरदन में भी फैल जाता है।

सिर को रक्त की आपूर्ति करने वाली रक्तवाही धमनियों के फैल जाने या उनमें रक्त के अधिक भर जाने के कारण यह रोग हो जाता है। अजीर्ण, जीवाणु संक्रमण, एलर्जी आदि कारणों से रक्तवाहिनियों की कार्यप्रणाली पर विपरीत प्रभाव पड़ता है, जिससे मांसपेशियों को पूरा रक्त नहीं मिल पाता और तीव्र दर्द के रूप में यह रोग प्रकट होता है। क्रोध, चिंता, तनाव आदि मानसिक कारणों से भी यह रोग हो सकता है।

लक्षण

सुबह उठते समय सिर चकराने लगता है और आंखों के सामने अंधेरा छाने लगता है। उलटी महसूस होती है। 10-15 मिनट के बाद एक कनपटी के पास दर्द अनुभव होता है। जिधर दर्द होता है, उधर की आंख की पुतली फैली हुई मिलती है। 2-3 घंटे के बाद दर्द कुछ कम होने लगता है। रोगी को कमजोरी महसूस होती है व उसे नींद आ जाती है। उठने पर दर्द खत्म या कम हुआ मिलता है।

घरेलू चिकित्सा

- धनिए की गिरी, काली मिर्च व उस्तेखद्दूस सम मात्रा में लें। 1 ग्राम दवा ठंडाई की तरह पीसकर दो चम्मच शहद के साथ पाव भर पानी में मिलाकर तीन दिन तक सूर्योदय से पहले दें।
- रीठे का छिलका पानी में पीसकर दो-दो बूंद नाक में टपकाएं।
- गाय का ताजा घी या सरसों का तेल दो-दो बूंद सुबह-शाम उस ओर की नाक में डालें, जिधर दर्द हो रहा हो।
- पीपल के सूखे पत्ते को गोलाकार मोड़कर उसमें अजवायन के बीज रखकर बीड़ी की तरह पिएं।
- दालचीनी व छोटी इलायची बराबर मात्रा में पीसकर रख लें। एक चम्मच चूर्ण को 4 गुना तिल के तेल में गर्म करें। तेल को उतार कर, ठंडा कर माथे व सिर पर मालिश करें।

आयुर्वेदिक औषधियां

मुण्डी योग, त्रिफला चूर्ण या षडगं क्वाथ को चंद्रप्रभावटी के साथ देने का विधान इस रोग की चिकित्सा हेतु बताया गया है। षड्बिंदु तेल, अणु तेल या दशमूल तेल का प्रयोग नस्य हेतु किया जा सकता है।

पेटेंट औषधियां

सिफाग्रेन गोलियां व नाक में डालने की दवा (चरक) ट्रक्नीवील फोर्ट गोलियां (चरक) व गोदन्ती मिश्रण गोलियां (वैद्यनाथ)।

गृध्रसी
(Sciatica)

कारण

रीढ़ की हड्डी कशेरुकाओं से बनी होती है, जिनके बीच चक्रिकाएं (डिस्क) होती हैं। भारी दबाव पड़ने या झटका लगने से कोई डिस्क अपने स्थान से खिसक जाए या फट कर उसके अंदर का द्रव पदार्थ निकल जाए, तो पैर में जा रही नाड़ी दब जाती है, जिससे पैर में दर्द की अनुभूति होती है। मधुमेह, रीढ़ की हड्डी में सूजन या वृद्धि या श्रोणिगत कैंसर के कारण भी दर्द हो सकता है।

लक्षण

इस रोग में पैर में कूल्हे से नीचे की ओर तेज दर्द होता है। शुरू में कूल्हें से जांघ, फिर घुटने व बाद में पिंडलियों तक दर्द पहुंच जाता है। कभी दर्द बढ़कर एड़ी तक पहुंच जाता है।

घरेलू चिकित्सा

- रोगी को 2-3 सप्ताह बिस्तर पर पूर्ण विश्राम करना चाहिए, जिससे डिस्क के फटने या नाड़ी में सूजन के प्रभाव को नियंत्रित किया जा सके।
- बकायन वृक्ष की छाल को धूप में सुखाकर कूट लें व छान लें। इसमें बराबर मात्रा में पुराना गुड़ मिलाकर मटर के दाने के बराबर की गोलियां बना लें। एक-एक गोली सुबह व शाम के समय पानी के साथ दें।
- कुचला का घी में भूनकर बारीक पीस लें। 125 मि.ग्रा. की मात्रा में सुबह-शाम खाएं।
- एक भाग भुनी हुई सफेद फिटकिरी, दो भाग कीकर का गोंद व तीन

- भाग मीठी सुरंजान लेकर बारीक पीस लें। इसे आधा-आधा ग्राम दिन में तीन बार दें।
- मीठा तेलिया दो भाग, फूला हुआ सुहागा चार भाग व काली मिर्च पांच भाग लेकर पीस लें। इसे अदरक के रस में एक सप्ताह तक घोटें और मटर के दाने के बराबर की गोलियां बना लें। एक-एक गोली सुबह-शाम दूध के साथ रोगी को दें।
- एरंड गृध्रसी में अत्यंत प्रभावकारी है। एरंड का 30 ग्राम तेल तीन गुना गोमूत्र में मिलाकर रात को पिएं या एरंड के बीज की गिरी को दूध में खीर बनाकर सुबह-शाम लें।

आयुर्वेदिक औषधियां

शिवागुग्गुल, पथ्यादिगुग्गुल, लशुनपाक, लशुनाष्टक, शुंठी आदि पायस, महानिम्ब क्वाथ लाभदायक होता है। स्थानीय प्रयोग हेतु सैंधवादि तेल व महामाष तेल का प्रयोग किया जा सकता है।

अर्दित
(Facial Paralysis or Bells Palsy)

कारण

मस्तिष्क की सप्तम नाड़ी जिसकी शाखाएं चेहरे पर फैली होती हैं, में विकृति के कारण अर्दित रोग होता है।

मस्तिष्क में रक्तस्राव या धमनी में अवरोध या सर्दी आदि कारणों से नाड़ी में सूजन हो जाने के कारण सप्तम नाड़ी में विकृति आने से यह रोग होता है।

लक्षण

यह रोग अचानक शुरू होता है। कभी-कभी इसके होने से पहले कान के नीचे दर्द होता है। रोग के आक्रमण से आधा चेहरा भावहीन हो जाता है और ऐसा लगता है कि मांसपेशियों में शक्ति नहीं है। चेहरा एक ओर को अकड़ा हुआ अनुभव होता है। होंठ पूरी तरह बंद नहीं होते, जिससे पिया हुआ द्रव बाहर निकलने लगता है। उस ओर की आंख की पलकें भी पूरी तरह बंद नहीं होतीं। रोगी साफ नहीं

बोल पाता। जीभ में एक ओर स्वाद का भी पता नहीं चल पाता। रोगी का चेहरा एक ओर को (रोग से प्रभावित दिशा से विपरीत दिशा में) घूमा या खिंचा हुआ महसूस होता है।

घरेलू चिकित्सा

- रोगी को फुटबॉल के अंदर रहने वाला रबड़ का ब्लैडर फुलाते रहना चाहिए, जिससे मांसपेशियों व नाड़ी को क्रियाशील होने में सहायता मिले।
- बच व सोंठ समान मात्रा में कूट-पीसकर छान लें। एक-एक ग्राम दवा शहद के साथ सुबह-शाम चटाएं।
- शुद्ध कुचले का चूर्ण 125 मि.ग्रा. की मात्रा में आधी चम्मच शहद में मिलाकर सुबह-शाम चटाएं व ऊपर से गर्म दूध पिला दें।
- सन के बीज बारीक पीसकर चूर्ण बना लें। दो-दो चम्मच सुबह-शाम शहद में मिलाकर दें।
- 10 ग्राम लहसुन पीसकर सुबह खाली पेट मक्खन के साथ दें।
- अलसी व तिल बराबर मात्रा में पीसकर लुगदी बनाएं, उसमें नमक व सरसों का तेल मिलाकर लेप बनाएं व गर्म-गर्म कानों के नीचे बांधें। एक सप्ताह बाद सैन्धवादि तेल या महानारायण तेल की मालिश करें।
- मल्ल सिंदूर व महागंधक योग 125 मि.ग्रा. प्रत्येक मिलाकर सुबह-शाम शहद साथ दें।

आयुर्वेदिक औषधियां

कंटकार्यादिक्वाथ, महायोगराज गुग्गुल व शतावरी घृत का प्रयोग किया जाता है। साथ ही षड्बिन्दु तेल, अणु तेल या माष तेल का नस्य देने का विधान भी है।

ज्वर

ज्वर
(Fever)

कारण

शरीर का तापमान सामान्य अवस्था में (98.6^0 फारेनहाइट या 37^0 सेंटीग्रेड) से बढ़ना ज्वर का सूचक है। वात, पित्त और कफ दोषों की न्यूनाधिकता के आधार पर आयुर्वेद में ज्वर के अनेक भेद बताए गए हैं। वास्तव में ज्वर तो एक सामान्य लक्षण है, जो शरीरगत किसी अन्य रोग को इंगित करता है। इसके निम्न कारण हैं :

1. ऋतु के अनुसार शास्त्रों में वर्णित भोजन न करना अर्थात् मिथ्या आहार-विहार करना विशेषकर बदलते हुए मौसम में ठंडी चीजें खाना।
2. बासी भोजन, सड़ी-गली वस्तुएं, कटे हुए फल व सब्जियों का प्रयोग करना।
3. अधिक गर्मी, धूप, ठंड, शीतल वायु व वर्षा से अपना बचाव न करना।
4. ईर्ष्या, द्वेष, क्रोध, लोभ, अभिमान आदि मानसिक भावों से मन में क्षोभ उत्पन्न होना।

घरेलू चिकित्सा

ज्वर के लक्षणों के आधार पर रोग विशेष की अलग-अलग चिकित्सा की जाती है, तथापि हलका-फुलका बुखार होने पर निम्नलिखित चिकित्सा शुरू में रोगी को दे सकते हैं। फायदा न मिलने और बुखार न उतरने पर रोग का भलीभांति निदान करने के लिए चिकित्सक की परामर्श लेनी चाहिए।

- लहसुन को पीसकर कल्क बनाएं और 5 से 10 ग्राम की मात्रा में सुबह-शाम रोगी को दें।

- फुलाई हुई गुलाबी फिटकिरी 250 मि.ग्रा. की मात्रा में सुबह-शाम दें।
- छोटी पीपल का चूर्ण शहद के साथ एक-एक चम्मच की मात्रा में सुबह-शाम दें।
- सिर दर्द हो, तो बादाम रोगन अथवा भृंगराज तेल की मालिश करें।
- पसीना न आ रहा हो, तो रोगी को गुनगुना पानी पिलाएं।
- बेचैनी हो तो बादाम रोगन और गुलरोगन मिलाकर माथे पर मालिश करें।
- सिर में दर्द होने पर घी में कपूर मिलाकर मलें।
- रोगी को कब्ज़ और बेचैनी हो, तो 20-30 मिली लीटर एरंड तेल को गर्म दूध के साथ दें। एरंड तेल के स्थान पर हरड़ व सोंठ या हरड़ व सौंफ आधा-आधा चम्मच मिलाकर दूध के साथ ले सकते हैं।
- ज्वर के साथ जुकाम भी हो, तो छोटी कटेरी और पित्तपापड़ा बराबर मात्रा में लेकर उसका काढ़ा बनाएं और दिन में तीन बार 20 मि.ली. की मात्रा में लें।
- यदि वर्षा में भीगने या ठंडी हवा में रहने के कारण बुखार हुआ हो, तो चाय में तुलसी के 5 पत्ते, 2 लौंग, 3 काली मिर्च व चुटकी भर काला नमक डाल कर दें।
- शीत ऋतु में, ठंडी हवा में या वर्षा में भीगने से होने वाले बुखार में 5 पिण्डखजूर या छुहारे दूध में उबालकर पहले खजूर खाएं, ऊपर से दूध पीकर पसीना लें।
- वाइरल बुखार में 5 बादाम व 3 काली मिर्चें कूट कर एक चम्मच देसी घी में भूनें। इन दोनों के भुन जाने पर इसमें 5 किशमिश भी डाल दें और ऊपर से 400 ग्राम दूध डाल दें। जब 250 ग्राम बचा रह जाए, तो इसे पीकर कपड़ा ओढ़कर पसीना लें। जैसे-जैसे पसीना निकलता जाएगा, वाइरल बुखार उतरता चला जाएगा।
- 7 तुलसी की पत्तियां, 4 काली मिर्चें व एक पिप्पल पानी के साथ पीसकर आधा कप पानी में मिला लें व दस ग्राम मिसरी मिलाकर सुबह खाली पेट पिलाएं। बुखार पूरी तरह उतरने तक दवा पिलाते रहें।
- धनिया और सोंठ का सम भाग करके चूर्ण बना लें। 10 ग्राम नीम की छाल को 250 ग्राम पानी में पकाकर काढ़ा बना लें। इस काढ़े में 1 चम्मच चूर्ण मिलाकर सुबह-शाम रोगी को दें।
- बेलगिरी के 30 पत्तों का रस दिन में तीन बार दें।

- नीम की 20 कोंपलें व 3 काली मिर्चें एक गिलास पानी में उबालें। एक चौथाई रह जाने पर इसे उतारकर सुबह-शाम पिएं।
- बुखार तेज हो, तो चंदन पीसकर माथे पर लगाएं।

आयुर्वेदिक औषधियां

ज्वरान्तकवटी, ज्वरघ्नवटी, हिंगुलेश्वर रस, ज्वरभैरव चूर्ण, ज्वर नागमयूर चूर्ण, त्रिपुर भैरव रस आदि।

पेटेंट औषधियां

क्यूरिल गोलियां व शरबत (चरक), डिवाइन रिलीफ कैप्सूल (बी.एम.सी. फार्मा), फीवम गोलियां (माहेश्वरी), जवरीना (संजीवन) लाभदायक हैं।

न्यूमोनिया (फुफ्फुस शोथ)
(Pneumonia)

कारण

प्रायः सर्दियों में होने वाला यह रोग उन बच्चों या बड़ों में किसी भी मौसम में हो सकता है, जिनकी रोग प्रतिरोधक क्षमता कम हो। शारीरिक दुर्बलता या वायु प्रदूषण के कारण अथवा दिन में प्रायः बंद कमरों में रहने वाले व्यक्तियों में ठंड लगने, जीवाणु संक्रमण या किसी अन्य विक्षोभक कारण से फेफड़ों में सूजन आ जाती है। आयुर्वेद में इसका उल्लेख श्वसनक ज्वर के नाम से आया है।

सर्दी के मौसम में एकदम ठंड में जाने से, गर्मी में पसीने की हालत में एकदम ठंडा पानी पी लेने से, ऐसे व्यक्तियों या बच्चों में जिनकी रोग प्रतिरोधक शक्ति कम होती है, कफ के प्रकोप से या जीवाणु का संक्रमण होने से यह रोग होता है। पुरानी खांसी, दमा या हृदय रोग के चलते इस रोग के होने की संभावना बढ़ जाती है।

लक्षण

रोगी को बलगम के साथ खांसी, छाती में दर्द, भारीपन व बुखार रहता है। बलगम बहुत ही चिपचिपा (चिपकने वाला) होता है। रोगी की नाड़ी मंद चलती है। फेफड़ों

में बलगम जमा होने के कारण रोगी को सांस लेने में बहुत कठिनाई होती है तथा सांस तेज चलती है। रोगी सांस लेने में रुकावट अनुभव करता है तथा उसकी पसलियों में दर्द रहता है।

घरेलू चिकित्सा

- अदरक और तुलसी के पत्तों का रस एक-एक चम्मच तथा एक चम्मच शहद मिलाकर रोगी को तीन बार दें।
- एक भिलावा लेकर उसे आग पर गर्म करें। उसमें लोहे की सलाख से छेद करके दो बूंद तेल एक गिलास गर्म दूध में पका लें। तेल को दूध में अच्छी तरह मिलाकर रोगी को पिला दें और रोगी को कपड़ा ओढ़ा कर पसीना दिलवाएं। ऐसा दिन में एक बार ही करें।
- तारपीन के तेल की छाती पर मालिश करें।
- सरसों के तेल या देसी घी को गर्म करके उसमें चुटकीभर नमक डालकर मालिश करें।
- तारपीन के तेल में बराबर मात्रा में तिल का तेल मिलाकर उसमें थोड़ा-सा कपूर मिला लें व इससे मालिश करें।
- तीन काली मिर्चें और तीन तुलसी के पत्ते लेकर पानी में घोंट कर सुबह-शाम लें।
- आधा चम्मच लहसुन का रस, 1 कटोरी दूध व 4 कटोरी पानी उबालें। एक चौथाई रह जाने पर इसे उतार कर ठंडा करें। यह काढ़ा दिन में तीन बार लें।
- लहसुन का 1-1 चम्मच रस बराबर मात्रा में गर्म पानी मिलाकर दिन में तीन बार दें।
- तुलसी के ताजा 20 पत्तों को 5 काली मिर्चों के साथ पीस लें और पानी में घोलकर सुबह-शाम पिएं।

आयुर्वेदिक औषधियां

स्वर्णभूपति रस, वृहत् कस्तूरी भैरव रस, विश्वेश्वर रस, गोरोचनादि वटी, संजीवनी वटी, कफ केतु रस।

मलेरिया
(Malaria)

कारण

यह रोग प्लाजमोडियम नामक जीवाणु से फैलता है और मादा एनोफिलीज मच्छर द्वारा मनुष्य को काटे जाने पर इसका संक्रमण होता है। मादा एनोफिलीज मच्छर द्वारा काटे जाने पर प्लाजमोडियम नामक जीवाणु मानव शरीर में प्रवेश कर जाता है। प्रवेश के लगभग 9 दिन बाद अपनी संख्या में हजारों गुना वृद्धि करके प्लाजमोडियम शरीर में मलेरिया बुखार को उत्पन्न करते हैं।

लक्षण

प्लाजमोडियम की विभिन्न तीन प्रकार की किस्मों के संक्रमण के आधार पर बुखार एक दिन, दो दिन या तीन दिन छोड़कर आता है। बुखार चढ़ने से पहले रोगी को ठंड लगती है। कुछ देर के बाद पसीना आकर बुखार उतर जाता है।

घरेलू चिकित्सा

- 5 तुलसी के पत्ते व 3 काली मिर्च घोट कर सुबह-शाम रोगी को पिलाएं।
- तीन ग्राम सत्यानाशी के साबुत बीज गर्म पानी से खिलाएं।
- फिटकिरी को भूनकर पीस लें। एक ग्राम की मात्रा में सम भाग मिसरी मिलाकर सुबह-शाम तीन दिन तक दें।
- बारीक पिसा हुआ कुटकी का 1 ग्राम चूर्ण, समभाग चीनी मिलाकर दो से तीन बार रोगी को ताजे पानी के साथ 3 दिन तक दें।
- 1 ग्राम कुटकी व 1 ग्राम काली मिर्चों का चूर्ण, 1 चम्मच तुलसी का स्वरस व 1 चम्मच शहद के साथ सुबह-शाम दें।
- खाने का पिसा हुआ साधारण नमक तवे पर धीमी आंच में भूनें। भुनते-भुनते जब काफी के रंग का हो जाए, तो उतार कर ठंडा करके बोतल में भर कर रख लें। ज्वर आने के नियत समय से थोड़ी देर पहले 1 चम्मच भुना हुआ यह नमक एक गिलास गर्म पानी में मिलाकर लें। इसकी एक खुराक बुखार उतर जाने पर भी लें। यह दवा लगातार दो दिन तक लें।
- बेलगिरी के फूल व तुलसी की पत्तियां बराबर मात्रा में लेकर पीस लें व उनका रस निकाल लें। 1 चम्मच रस, 1 चम्मच शहद के साथ दिन में तीन बार लें।

- रोगी को दिन में तीन-चार बार चकोतरे खिलाएं। चकोतरे में प्राकृतिक रूप से कुनैन विद्यमान होती है।

आयुर्वेदिक औषधियां

सप्तपर्ण घनवटी, महाज्वरांकुश रस, कृष्णचतुर्मुख रस, चन्दनादि लौह, विषम ज्वारन्तक लौह, सर्वज्वरहर लौह आदि।

पेटेंट औषधियां

चिराकिन गोलियां (झण्डु), सुदर्शनधनवटी (वैद्यनाथ)।

मियादी बुखार
(Typhoid)

कारण

इसे मन्थर ज्वर, आन्त्र ज्वर, मोतीझारा इत्यादि नामों से भी जाना जाता है। इस रोग में लगातार कई दिनों तक बुखार रहता है। यह प्रायः गर्मी के मौसम में फैलता है। आंतों में मुख्य रूप से इसका संक्रमण होने के कारण ही इसका नाम आन्त्र ज्वर पड़ा।

सालमैनोला टाइफी नामक जीवाणु से फैलने वाला यह रोग अशुद्ध पानी व भोजन के कारण होता है।

लक्षण

जीवाणु संक्रमण के 12-14 दिन बाद इस रोग के लक्षण प्रकट होते हैं। 12-14 दिन के इस समय में शरीर में सुस्ती, सिर में दर्द व भूख की कमी रहती है। 12-14 दिन बाद बुखार चढ़ता है, जो बढ़ता चला जाता है। सुबह बुखार कम होता है, परंतु सांयकाल से बढ़ना शुरू हो जाता है। रोगी सुस्त रहता है, उसका पेट कुछ अफारा हुआ व स्पर्श करने पर गर्म प्रतीत होता है। प्यास अधिक लगती है। प्रथम सप्ताह के अन्त में पेट तथा छाती पर मोती जैसे चमकते हुए छोटे-छोटे दाने दिखाई देने लगते हैं। दूसरे सप्ताह में दाने लुप्त होने लगते हैं व बुखार उतरने लगता है। यदि चिकित्सा न की जाए, तो यह बुखार लंबे समय तक चलता है।

घरेलू चिकित्सा

यदि दाने निकलने शुरू हो गए हों या न निकले हों और प्रयोगशाला की जांच से मोतीझारा की पुष्टि हो जाए, तो निम्न योग प्रयोग में ले आएं :

1. 2 पके हुए अंजीर, 5 दाने मुनक्के व 3 ग्राम खूबकलां को 400 ग्राम पानी में पकाएं। आधा बचा रहने पर अच्छी तरह मल कर छान लें और मिसरी मिलाकर रोगी को पिलाएं। यह दवा सुबह-शाम, दोनों समय दें। जब तक दाने निकलते रहें, दवा देते रहें। साथ में तुलसी के 5-5 पत्ते भी खिलाते रहें। इसके सेवन से 3 दिन से लेकर 1 सप्ताह के अंदर बुखार उतर जाएगा। यदि बीच में दस्त लग जाएं, तो दवा बंद कर दें।

2. केसर 1 ग्राम व 15 तुलसी के पत्ते पीसकर पानी में घोलकर रोगी को पिलाएं।

3. यदि दाने खूब निकल आए हों, तो निम्न योग दें—250 ग्राम ऊर्क गावजबां मिट्टी के सकोरे में लेकर उसमें 19 हरे पत्ते लिसौड़ा के भिगो दें। प्यास लगने पर यह दवा मिसरी डालकर पिलाएं, इससे 3-4 दिन में बुखार उतर जाएगा।

4. 1 ग्राम केसर, 2 ग्राम काली मिर्च, 5 ग्राम लौंग, 5 ग्राम जावित्री व 10 ग्राम तुलसी के पत्ते लेकर साफ पानी के साथ पीस लें। पिसने पर इसमें 5 ग्राम मोती भस्म अच्छी तरह से मिला लें और इसकी 125 मिली ग्राम की गोलियां बना लें। एक-एक गोली सुबह-शाम गुनगुने पानी के साथ दें।

5. एक पका केला और चार चम्मच शहद मिलाकर सुबह-शाम लें।

आयुर्वेदिक औषधियां

सौभाग्य वटी, सिद्ध प्राणेश्वर रस, संजीवनी वटी, सितोपलादि चूर्ण, ज्वरहर लौह, पंचतिक्तादि क्वाथ आदि।

पेटेंट औषधियां

खमीरा मरवारीद खास (हमदर्द) जोकि एक यूनानी दवा है, आन्त्र ज्वर में दी जाए तो दाने शीघ्र व सुगमता से निकल आते हैं।

मानसिक रोग

मिर्गी
(Epilepsy)

कारण

बुद्धि एवं मन की विकृति के कारण आवेगों में आने वाले इस रोग में रोगी थोड़ी देर के लिए मूर्च्छित हो जाता है। रोगी को आग, पानी या किसी भी स्थान पर दौरा पड़ सकता है।

लक्षण

रोगी काल्पनिक वस्तुएं देखते हुए गिर जाता है, आंखें चढ़ जाती हैं, मुंह से झाग आता है। हाथ-पैरों में ऐंठन व पूरे शरीर में कम्पन रहता है। रोग का वेग थोड़ी देर के लिए आता है, उसके बाद रोगी को होश आ जाता है, उसे ऐसा लगता है, जैसे अभी नींद से सोकर उठा हो।

घरेलू चिकित्सा

आवेग आने के समय

1. प्याज के रस की 5-10 बूंदें रोगी की नाक में डालें।
2. तुलसी की पत्तियों का 10 ग्राम रस निकाल कर उसमें 1 ग्राम सेंधानमक मिलाकर इसकी 5-10 बूंदें नाक में डालें।
3. राई पीसकर रोगी को सुंघाएं, तुरंत होश आ जाएगा।

आवेग आने के बाद

1. 1-2 ग्राम लहसुन को एक चम्मच तिल के साथ सुबह-शाम 21 दिन तक सेवन करें।
2. 21 जायफलों की माला बनाकर गले में पहनने से मिरगी रोग ठीक होता है।
3. छोटी पिप्पल का चूर्ण 5 ग्राम की मात्रा में दिन में तीन बार बराबर मात्रा में शहद के साथ चटाएं।
4. ब्राह्मी के 10 ग्राम रस में 1 चम्मच शहद मिलाकर दिन में तीन बार चटाएं।
5. ब्राह्मी बूटी को बारीक पीसकर पांच गुने बादाम के तेल में अच्छी तरह खरल करें। इसे छानकर शीशी में रख लें और रोगी की नाक के दोनों नासा छिद्रों में सुबह-शाम डालें। रोगी को पलंग पर इस तरह लिटाएं कि उसका सिर नीचे लटकता रहे, ताकि दवा मस्तिष्क तक पहुंच सके।
6. बच का चूर्ण 5-10 ग्राम बराबर मात्रा में शहद मिलाकर दिन में तीन बार रोगी को दें।
7. मुलेठी का 1 चम्मच चूर्ण तीन गुना पेठे के स्वरस के साथ दिन में 2 बार रोगी को दें।
8. रोगी को दिन में चार-पांच बार सौ-सौ ग्राम अंगूर खिलाएं।
9. सीताफल की सब्ज़ी रोगी को खिलाएं।
10. सुबह-शाम रोगी को 40-50 ग्राम प्याज का रस पिलाएं।

आयुर्वेदिक औषधियां

वातकुलान्तक रस, चण्ड भैरव रस, स्मृतिसागर रस, लघुपंचगव्य घृत, महाचैतस घृत, पलंकपाद्य तेल, कल्याणक चूर्ण, सर्पगन्धा वटी, हिंग्वाद्य घृत, चतुर्भुज रस, मोती भस्म आदि।

पेटेंट औषधियां

'नैड फोर्ड गोलियां (चरक) की मिर्गी की चिकित्सा में प्रभावकारी हैं।

हिस्टीरिया
(Hysteria)

कारण

जन्म से ही निर्बल चित्त के, 15-30 वर्ष आयु के भाव प्रधान व्यक्तियों, विशेषतः स्त्रियों में किसी निराशा, वियोग या भय आदि के कारण होने वाले मानसिक कष्टों का सामना कर पाने में विफलता के कारण अनजाने में विचित्र व्यवहार करने और अचेत हो जाने वाले रोग को अपतन्त्रक या हिस्टीरिया कहते हैं।

लक्षण

रोग के आवेग के समय अचेतावस्था में पहुंचा व्यक्ति अनेक प्रकार की कुचेष्टाएं करता-सा प्रतीत होता है। कुछ रोगी असम्बद्ध प्रलाप करते हैं, जो वास्तव में उसके अवचेतन में दबी भावनाओं की अभिव्यक्ति होती है। कुछ रोगी मौन व स्तब्ध होकर पड़े रहते हैं। चित्त की व्याकुलता, बुद्धिभ्रम, अकारण हंसना या रोना, चक्कर आना, उच्च स्वर में अट्टहास करना इस रोग के अन्य लक्षण हैं। यह रोग अधिकांशतः स्त्रियों में होने के कारण योषापस्मार भी कहलाता है।

मिरगी के विपरीत इस रोग का दौरा सुरक्षित स्थान पर पड़ता है और रोगी को प्रायः चोट नहीं लगती है।

घरेलू चिकित्सा

मनोचिकित्सा

मनोचिकित्सक रोगी को मानसिक रूप से विपरीत परिस्थितियों का सामना करने हेतु तैयार करता है, ताकि रोगी विपरीत परिस्थितियों (जिसके कारण रोग हुआ है) का सामना दृढ़ चित्त से कर सके।

औषधि चिकित्सा

औषधि चिकित्सा में भी मन को नियंत्रित करने वाली तथा हृदय व मस्तिष्क को बल देने वाली औषधियों का प्रयोग किया जाता है। इसके अतिरिक्त वायु के प्रकोप को शमन करने हेतु कब्ज दूर करने वाली औषधियों का भी प्रयोग किया जाता है।

- 10 ग्राम काली मिर्च और 20 ग्राम बच को कूटकर चूर्ण बनाएं और दोनों के वजन के बराबर गुड़ मिलाकर 1-1 ग्राम की गोलियां बनाएं। इसकी

1 गोली सुबह तथा 1 गोली शाम के समय खट्टे दही के साथ सेवन करें और गोली की मात्रा प्रति सप्ताह बढ़ाते हुए 3-4 तक ले जाएं।

- गुलकंद के साथ बड़ी हरड़ का चूर्ण गर्म पानी के साथ रात को सोते समय दें।
- हींग, खुरासानी अजवायन, कपूर व जटामासी बराबर मात्रा में मिलाकर 500 मि.ग्रा. की गोलियां बना लें। 1-1 गोली दिन में तीन बार शहद के साथ दें।
- सीताफल की सब्जी रोगी को खूब खिलाएं।

आयुर्वेदिक औषधियां

योगेन्द्र रस, योषापस्मारघ्न रसायन, वात चिन्तामणि रस, मरिचादि वटी, योषापस्मार-हरवटी, वृहत्भूतभैरव रस।

पेटेंट औषधियां

सर्पिना गोलियां (हिमालय), स्टैसनिल कैप (वैद्यनाथ)।

विषाद

(Depression & Melancholia)

कारण

भाव प्रधान मानस रोगों में यह सबसे अधिक होता है। जब व्यक्ति का किसी कार्य में दिल न लगे, वह किसी खुशी में शामिल न हो, किसी वस्तु अथवा कार्य में रुचि न रखे और उदास-उदास रहने लगे, तो उसके रोग को 'विषाद रोग' कहते हैं।

यह रोग असफलता, धन या प्रिय जन की हानि, वियोग आदि की प्रतिक्रिया के रूप में होता है।

लक्षण

रोगी निराश, उत्साहहीन और दुःखी रहता है। वह हर वस्तु या घटना का बुरा पहलू ही देखता-सोचता है। अपने जीवन में हुई पिछली बातों पर उसे पश्चात्ताप रहता है। उसे नींद देर से आती है और जल्दी ही टूट जाती है।

घरेलू चिकित्सा

मनोचिकित्सा के अतिरिक्त निम्नलिखित औषधियों का प्रयोग कर सकते हैं :

- 8 पीस बादाम व 3 काली मिर्चों को पीस कर एक चम्मच घी में भूनें, जब लाल हो जाएं तो उसमें 8 किशमिश भी डाल दें, ऊपर से आधा किलो दूध डालकर इसे पकाएं। यह काढ़ा सुबह-शाम दें।
- शंखपुष्पी का चूर्ण सोते समय 4 से 8 चम्मच तक ठंडे पानी के साथ दें।
- चुटकी भर जायफल का चूर्ण चार चम्मच आंवले के रस के साथ दिन में तीन बार लें।
- रोगी को एक खरबूजा सुबह खाली पेट खिलाएं।
- सीताफल की सब्ज़ी रोगी को खिलाएं।
- प्याज का रस 50-50 ग्राम सुबह-शाम रोगी को पिलाएं।

आयुर्वेदिक औषधियां

ब्राह्मी घृत, शतावरी घृत, बादाम पाक, सर्पगंधा चूर्ण, जटामासी चूर्ण, सारस्वत चूर्ण, द्राक्षासव, कल्याणक घृत, महापंचगव्य घृत, हिमसागर तेल, सारस्वतारिष्ट।

पेटेंट औषधियां

स्ट्रेसकैम कैप्सूल (डाबर), सिलैडिन गोलियां (एलारसिन), डिवाइन लाइफ कैप्सूल (बी.एम.सी. फार्मा)।

उन्माद
(Maniac Psychosis)

कारण

भाव प्रधान मानसिक रोग विषाद के विपरीत यह क्रिया प्रधान या चेष्टा प्रधान मानस रोग है, जिसका आरंभ 15 से 30 वर्ष की आयु में हो जाता है।

रोगी को नींद बहुत कम आती है। वह अधिक क्रियाशील, अधिक भ्रमणशील, अधिक भाषणशील अधिक गायनशील हो जाता है। रोगी में न विवेक होता है और न ही निर्णय लेने की शक्ति। क्रियाशीलता अधिक बढ़ने पर रोगी तोड़-फोड़

करना शुरू कर देता है व अन्य व्यक्तियों पर हमला करना भी शुरू कर देता है। कुछ समय के बाद रोग का वेग कुछ समय के लिए स्वयं ही शांत हो जाता है।

घरेलू चिकित्सा

- ब्राह्मी, बादाम, काली मिर्च, सौंफ, गुलाब के फूल, मुनक्का, मिसरी आदि के योग से बनी ठंडाई का रोगी को नियमित सेवन कराएं।
- पेठे के बीजों का चूर्ण शहद के साथ चटाएं।
- सर्पगंधा का चूर्ण 500 मि. ग्रा. में 3 काली मिर्चें पीसकर रोगी को दिन में तीन बार पानी के साथ दें।
- अनन्नास का मुरब्बा सुबह-शाम रोगी को खाने को दें।
- तुलसी की 10-15 पत्तियां सुबह-शाम रोगी को खिलाएं। इन पत्तियों को मसलकर सूंघने से भी रोगी को लाभ होता है।
- कच्ची चिरमटी को दूध के साथ पीसकर सुबह-शाम दें।
- सीताफल की सब्जी रोगी को नित्य खिलाएं।
- प्याज का रस सुबह-शाम 50-100 ग्राम की मात्रा में पिलाएं।

आयुर्वेदिक औषधियां

योगेन्द्ररस, उन्माद भंजन रस, उन्माद गज केसरी रस, महावात विध्वंसन रस, उन्माद गजांकुश रस, उन्मादनाशिनी वटी, वृहत् विष्णु तेल, सास्वतारिष्ट।

पेटेंट औषधियां

मैंन्टेट गोलियां (हिमालय), ब्राह्मी वटी (डाबर), राउलिन कैप्सूल (माहेश्वरी), मैमटोन सीरप (एमिल)।

मनोयौन रोग

स्वप्नदोष
(Nocturnal Emissions)

कारण

रात्रि में सोते हुए वीर्य का स्खलित हो जाना स्वप्नदोष कहलाता है। स्त्री चिंतन अधिक करना, भोग-लालसा की अधिकता, मन में कामासक्ति के भाव रहना इस रोग के मुख्य कारण हैं। कब्ज व अजीर्ण आदि रोग इसके सहायक कारण हैं।

आधुनिक चिकित्सकों के मतानुसार तरुणावस्था में होने वाली यह एक सामान्य प्रक्रिया है, जिसे रोगों की श्रेणी में नहीं माना जाता। किंतु सप्ताह में कई बार स्वप्नदोष हो जाना निश्चय ही रोग की श्रेणी में आता है, जिसकी चिकित्सा अति आवश्यक है।

घरेलू चिकित्सा

चिकित्सा के पहले सूत्र के रूप में मन को कामासक्ति से हटाना है। निम्न औषधियों का प्रयोग इसमें लाभकारी है–

- छोटी इलायची के बीज 1 भाग, सूखा धनिया 6 भाग व मिसरी 4 भाग को कूटकर चूर्ण बना लें। सुबह-शाम एक चम्मच की मात्रा में दूध के साथ लें।
- हरड़ और सौंफ का समान भाग चूर्ण एक चम्मच गर्म दूध के साथ लें।
- आधा चम्मच मुलेठी का चूर्ण, एक चम्मच शहद व दो चम्मच घी के साथ सुबह दूध के साथ लें।
- गुलाब के फूलों की 20-30 पंखुड़ियां 10 ग्राम मिस्री के साथ सुबह-शाम दूध के साथ सेवन करें।

- गुलाब, शहतूत, गाजर या चंदन में से किसी एक का शरबत 2 मि.ली. प्रातः एवं सायं लें।
- आंवले या गाजर का मुरब्बा 10-20 ग्राम सुबह-शाम सेवन करें।
- बादाम व काली मिर्च की बनी ठंडाई का सेवन सुबह-शाम करें, इसमें मीठा न डालें।
- पका हुआ एक केला छोटी इलायची के चुटकी भर चूर्ण के साथ सुबह-शाम लें।
- बरगद के कच्चे फलों को छाया में सुखाकर पीस लें। इसका दो चम्मच चूर्ण सुबह गाय के दूध से लें।
- इमली के भुने हुए बीजों का छिलका उतार कर बारीक पीस लें और समान भाग मिस्री मिला लें। एक चम्मच दवा प्रातः गाय के दूध से लें।
- त्रिफला और जौ का एक-एक चम्मच चूर्ण लेकर रात को पानी में भिगो दें। सुबह उसका काढ़ा छानकर 2 चम्मच शहद के साथ प्रयोग करें।
- ईसबगोल की भूसी और मिस्री समान मात्रा में लेकर मिलाएं और दो-दो चम्मच की मात्रा में प्रातः व सायं दूध के साथ लें।
- अनार का छिलका सुखाकर कूट-पीसकर छान लें। एक से दो चम्मच तक चूर्ण गुलाब के शबरत के साथ दिन में तीन बार लें।

आयुर्वेदिक औषधियां

यष्ठीमधु चूर्ण, त्रिफला चूर्ण, रस सिंदूर, शिलाजीत, सितोपलादिचूर्ण, शतावर्यादिचूर्ण, शुक्र संजीवनी वटी, शक्रवल्लभ रस, मकरध्वज वटी, वसन्तकुसुमाकर रस, चन्द्रप्रभा वटी आदि।

पेटेंट औषधियां

डिवाइन हैल्थ प्लस कैप (बी.एम.सी. फार्मा), सीमेंटों (एमिल) व नियो गोलियां (चरक)।

शीघ्रपतन
(Premature Ejaculation)

कारण

स्त्री समागम के समय लिंग में बिना उत्तेजना आए या उत्तेजना आने के कुछ क्षण बाद ही वीर्य स्खलित हो जाना शीघ्रपतन कहलाता है। यदि यह स्थिति लगातार

चलती रहे, तो चिकित्सा आवश्यक है, क्योंकि विभिन्न परिस्थितियों और मानसिक स्थिति के कारण कभी-कभी होने वाला शीघ्रपतन रोग के दायरे में नहीं आता।

कोई पुराना रोग, हस्तमैथुन या अधिक स्त्री समागम के कारण आई दुर्बलता शारीरिक कारणों में आते हैं। उच्च रक्तचाप, मोटापा, हृदय रोग व मधुमेह आदि रोग तथा इनकी चिकित्सा में प्रयुक्त होने वाली दवाओं के कारण भी यह स्थिति उत्पन्न हो सकती है। मानसिक कारणों में चिंता, भय, शोक आदि शीघ्रपतन के कारण हैं।

घरेलू चिकित्सा

रोगी को प्रसन्नचित व तनावमुक्त वातावरण में रखें, ताकि उसके मस्तिष्क से चिंता, शोक, भय आदि समाप्त हो। निम्न में से कोई एक उपचार करें—

- 5-10 खजूर दूध में उबालकर सुबह-शाम लें। लेकिन इसका प्रयोग गर्मियों में न करें।
- 24 घंटे पानी में भिगोए 5-8 गुरबंदी बादामों को पीसकर एक चम्मच देसी घी में भूनें, ऊपर से दूध डाल दें। 10-15 मिनट तक उबला हुआ दूध प्रातः व सायं रोगी को सेवन कराएं।
- 5-8 गुरबंदी बादाम की गिरी कूटकर 1 चम्मच देसी घी में भूनें। लाल हो जाने पर 5-7 किशमिश भी घी में डाल दें और ऊपर से दूध छोड़ दें। यह दूध सुबह-शाम लें।
- आंवले का चूर्ण और मिस्री 1-1 चम्मच मिलाकर सुबह-शाम दूध से सेवन करें।
- अंजीर के पके हुए दो-दो फल, प्रातः एवं सायं खाएं।
- बादाम की गिरी, किशमिश, सूखे हुए अंजीर, छोटी इलाची के दानें, चिरौंजी, पिस्ता और मिसरी सभी सम भाग लेकर बारीक पीस लें। यह चूर्ण किसी कांच के बरतन में गाय का असली घी डालकर एक सप्ताह तक धूप में रखें। दो-दो चम्मच मिश्रण सुबह-शाम दूध के साथ लें।
- रात को त्रिफला का काढ़ा बनाकर रखें और सुबह मिसरी मिलाकर प्रयोग करें।
- आधा चम्मच मुलेठी का चूर्ण, 1 चम्मच शहद व 2 चम्मच देसी घी मिलाकर सुबह-शाम दूध के साथ लें।
- कच्चा नारियल 10 ग्राम एक गिलास गाय के दूध से सुबह खाली पेट लें।

* रोज सुबह चार खजूर दूध में उबाल कर खाएं, फिर से दूध लें।

आयुर्वेदिक औषधियां

सिद्ध मकरध्वज, वज्र भस्म, वसन्त कुसुमाकर रस, पूर्ण चन्द्र रस, चतुर्मुख रस, अश्वगन्धारिष्ट, अश्वगन्धादि चूर्ण, मूसली पाक आदि।

पेटेंट औषधियां

डिवाइन आनन्द प्लस कैप्सूल (बी.एम.सी. फार्मा), पालरीविन फोर्ट गोलियां (चरक), एशरी फोर्ट कैप (एमिल), वीटा एक्स गोल्ड कैप (बैद्यनाथ), स्टिमूलेक्स कैप (डाबर), वीरोन गोलियां (संजीवन)।

प्रोस्टेट ग्रंथि वृद्धि
(Prostate Enlargement)

कारण

यह ग्रंथि पुरुष प्रजनन प्रणाली का अंग है, जिसका स्राव वीर्य में मिलता है। 50 वर्ष के बाद इस ग्रंथि में स्वाभाविक रूप से वृद्धि होनी शुरू हो जाती है। इस ग्रंथि में वृद्धि अधिक हो जाने पर मूत्र बार-बार आता है, मूत्राशय में दर्द हो सकता है। प्रोस्टेट वृद्धि के कारण नमक व जल यदि मूत्र के साथ पर्याप्त मात्रा में न निकल पाएं, तो शरीर में सूजन भी आ सकती है। मूत्राशय का कोई भी संक्रमण प्रोस्टेट वृद्धि के कारण वृक्कों में जा सकता है।

घरेलू चिकित्सा

* सरसों का तेल व जियापोते का रस एक-एक चम्मच मिलाकर सुबह-शाम लें।
* तुलसी की 20 पत्तियों को पीसकर चटनी बना लें और आधा पाव दही में मिलाकर खाली पेट खाएं इसमें, चीनी या नमक न मिलाएं। लगभग तीन महीने तक प्रयोग करने से पूर्ण आराम मिलता है। दही के विकल्प के रूप में शहद का प्रयोग भी किया जा सकता है।
* सीपी को जलाकर भस्म बना लें। आधा-आधा चम्मच भस्म सुबह-शाम दूध के साथ लें।

आयुर्वेदिक औषधियां

बंग भस्म, प्रवाल पिष्टी, शुद्ध हिंगुल, बंगशिल व फोर्टेज (एलारसिन), नियो (चरक)।

नपुंसकता
(Impotency)

नपुसंकता एक मनोदैहिक रोग है। वास्तव में नपुंसकता के अंतर्गत दो विभिन्न रोगों का ग्रहण किया जाता है। पहला–वीर्य में शुक्राणुओं की कमी या पूर्णतः अभाव, जिसके चलते पुरुष सन्तान उत्पन्न करने में असमर्थ होता है, भले ही वह यौन क्रिया में अपनी सहचरी को पूर्ण रूप से संतुष्ट करने में सक्षम हो। दूसरा–किसी शारीरिक या मानसिक कारण के चलते जब पुरुष यौन क्रिया में अपनी सहचरी को संतुष्ट नहीं कर पाए। इस स्थिति में पुरुष यौनांग में या तो उत्तेजना आती ही नहीं है और आती भी है, तो शीघ्र समाप्त हो जाती है। पुरुष के वीर्य में शुक्राणुओं की संख्या का पर्याप्त या अपर्याप्त होना इस स्थिति में गौण है। अधिकांश मामलों में दोनों स्थितियां साथ-साथ होती हैं और एक रोग की चिकित्सा में प्रयुक्त की जाने वाली अधिकांश औषधियां दूसरे रोग की चिकित्सा में भी सहायक होती हैं। संभवतः इसी कारण से शास्त्रों में दोनों रोगों का वर्णन पृथक रूप से नहीं मिलता है।

कारण

नपुंसकता का कारण शारीरिक भी हो सकता है और मानसिक भी। अफीम, चरस, शराब, हेरोइन, स्मैक आदि नशीले पदार्थों का सेवन, किशोरावस्था में हस्तमैथुन, यौवनकाल में स्त्री प्रसंगों में अधिकाधिक लिप्त रहना, लंबे समय तक चले रोग के कारण हुई कमजोरी, कब्ज, अपच, अजीर्ण, वायु प्रकोप आदि पेट के रोग, मधुमेह, उच्च रक्तचाप, मोटापा आदि रोग व इनकी चिकित्सा हेतु ली जा रही दवाओं के दुष्प्रभाव आदि ऐसे शारीरिक कारण हैं, जिनसे पुरुष में यौनेच्छा की कमी या यौनेच्छा होने के बावजूद पुरुष यौनांग में उत्तेजना न होना आदि लक्षण प्रकट होते हैं। इन्जेक्शन, कैपसूल, गोलियां व पीने वाली एलोपैथिक दवाओं का प्रचलन नशे के रूप में आजकल अधिक बढ़ रहा है।

मानसिक कारणों में व्यवसायिक प्रतिस्पर्धा, सांसारिक समस्याओं से उत्पन्न होने वाला तनाव, घर या कार्यस्थल में होने वाले कलह-क्लेश से उपजा विषाद (डिप्रेशन) आदि मुख्य हैं। इसके अतिरिक्त स्त्री आकर्षक न हो, रौबीली हो, रतिक्रिया में सक्रिय रूप से सम्मिलित न हो, तो भी नपुंसकता की स्थिति आ सकती है। इसके अतिरिक्त अवैध संबंधों के दौरान होने वाला भय, चिंता, आशंका भी नपुंसकता का कारण बनता है।

शुक्राणुओं की कमी या अभाव संबंधी नपुंसकता का कारण शारीरिक होता है। किशोरावस्था से ही अप्राकृतिक मैथुन में लिप्त होना, युवावस्था में भी अधिकाधिक मैथुन कर्म में प्रवृत्त होना व पौष्टिक भोजन का अभाव इसके मुख्य कारण हैं। इसके अतिरिक्त अधिक गर्मी वाले स्थान पर लंबे समय तक कार्यरत रहने अथवा एक्स-रे आदि के विकिरण में लंबे समय तक कार्य करते रहने से भी वीर्य में शुक्राणुओं की कमी हो जाती है। वीर्य में शुक्राणुओं का पूर्णतः अभाव विभिन्न कारणों से जन्मजात भी हो सकता है और कनफेड़ आदि रोग होने के कारण बाद में भी हो सकता है।

लक्षण

वीर्य में शुक्राणुओं की संख्या में कमी होना, स्वस्थ शुक्राणुओं का प्रतिशत कम होना, शुक्राणुओं का आकार असामान्य होना अथवा शुक्राणुओं का पूर्णतः अभाव होना नपुंसकता के लक्षण हैं।

यौनेच्छा में कमी या यौनेच्छा का पूर्णतः अभाव, स्त्री के स्पर्श, आलिंगन व मधुर व्यवहार के बावजूद लिंग में बिल्कुल भी उत्तेजना न होना या उत्तेजना होने पर शीघ्र ही समाप्त हो जाना आदि लक्षण दूसरे प्रकार की नपुंसकता में पाए जाते हैं।

चिकित्सा

मनोचिकित्सा के अंतर्गत रोगी में आत्मविश्वास जगा कर उसे आश्वस्त किया जाता है कि उसे किसी प्रकार का कोई रोग या कमजोरी नहीं है। किशोरावस्था में अप्राकृतिक मैथुन में प्रवृत्त रहे युवकों को प्रथम यौन संबंध के समय डर बना रहता है कि कहीं वह यौन क्रिया सुचारु रूप से संपन्न न कर सकें। आत्मविश्वास की कमी के कारण पहली बार मैथुन क्रिया में असफल रहने पर पुरुष के मस्तिष्क में यह बात घर कर जाती है कि वह मैथुन-कर्म के योग्य नहीं है। यदि रोगी शारीरिक रूप से सक्षम हो, तो केवल मनोचिकित्सा के द्वारा ही उसका उपचार

संभव है। यदि शारीरिक रूप से भी रोगी कमजोर है, तो निम्नलिखित चिकित्सा रोगी को दे सकते हैं–

- सुबह खाली पेट अंजीर के पके हुए फल खाएं।
- सूखे अंजीर, किशमिश, छोटी इलायची के दाने, बादाम की गिरी, पिस्ता, चिरौंजी व मिस्री 20-20 ग्राम व केशर 2 ग्राम। सबको बारीक कूट-पीस कर कांच के बरतन में डालें व उसमें गाय का घी डालकर दस दिन तक धूप दिखाएं। 2 चम्मच तक यह दवा दूध के साथ-सुबह शाम लें।
- सूखे अंजीर, शतावरी, सफेद मूसली, किशमिश, चिरौंजी, बादाम की गिरी, पिश्ता, चिरौंजी, सालम मिस्री, गुलाब के फूल, शीतल चीनी सभी 100-100 ग्राम लेकर सबको बारीक पीसकर चीनी की चाशनी में पका लें। जमने योग्य हो जाए तो 10-10 ग्राम लौह भस्म, केशर, अभ्रम भस्म व प्रवाल भस्म डालकर अच्छी तरह मिला दें। 2-2 चम्मच सुबह-शाम दूध के साथ दें।
- तुलसी और गिलोय का एक-एक चम्मच स्वरस समान भाग शहद के साथ लें।
- बंगभस्म को शहद और तुलसी के पत्तों के स्वरस में घोटकर मूंग के दानों के बराबर की गोलियां बनाएं व 1-1 गोली सुबह-शाम दूध के साथ लें।
- असगंध नागौरी (छोटी असगन्ध) व विदारी कन्द समान भाग लेकर कूटकर रख लें। एक-एक चम्मच सुबह-शाम मिस्री मिले हुए गर्म दूध के साथ लें। यदि इसके सेवन से कब्ज की शिकायत हो, तो असगंध और विदारी कन्द के साथ सोंठ भी समान मात्रा में लें। कब्ज होने की दशा में असगंध व आंवला का समान भाग चूर्ण भी ले सकते हैं।
- बड़ा गोखरू, गिलोय, सफेद मूसली, विदारी कन्द, मुलेठी व लौंग बराबर मात्रा में लेकर चूर्ण बनाएं व आधा-आधा चम्मच सुबह-शाम दूध के साथ लें।
- काले धतूरे के बीज छाया में सुखा लें और बारीक पीस कर शहद के साथ घोट लें। उड़द की दाल के बराबर की गोलियां बना लें। एक-एक गोली सुबह-शाम दूध के साथ लें।
- सफेद मूसली 200 ग्राम, शीतल चीनी 100 ग्राम, वंशलोचन 50 ग्राम व छोटी इलायची के बीज 50 ग्राम लेकर कूटें। इसमें 20-20 ग्राम अभ्रक

भस्म व प्रवाल भस्म मिला कर रख लें। एक-एक ग्राम सुबह-शाम शहद के साथ लें।

- उड़द की दाल व कौंच के बीज समान मात्रा में पीसकर चूर्ण बना कर रख लें। 50-100 ग्राम की मात्रा में प्रातः व सायं दूध में खीर की तरह पका कर लें।
- शुद्ध शिलाजीत व छोटी पीपल का चूर्ण 10-10 ग्राम लेकर उसमें 1-1 ग्राम बंगभस्म व प्रवालभस्म मिला लें। यह मिश्रण 1 ग्राम की मात्रा में सुबह-शाम लें।
- सफेद मूसली, पुनर्नवा, असगन्ध, गोखरू, शतावर व नागबला सभी को बराबर की मात्रा में लेकर चूर्ण बना लें। एक-एक चम्मच चूर्ण सुबह-शाम मिस्री मिले हुए दूध से लें।
- काली मूसली, सफेद मूसली, कौंच के बीज, असगंध, शतावर, तालमखाना, छोटी इलायची के बीज व छोटी पीपल बराबर की मात्रा में लेकर चूर्ण बनाएं। एक-एक चम्मच सुबह-शाम मिस्री मिले हुए दूध से लें।
- अंबर को तिल के तेल में मिलाकर समागम से 1 घण्टा पहले इन्द्रिय पर लेप करें। इससे स्तंभन शक्ति बढ़ती है।
- कपूर को गुलाब के इत्र में मिला कर समागम से 1 घण्टा पहले इन्द्रिय पर लेप करने से भी स्तंभन शक्ति में वृद्धि होती है।

आयुर्वेदिक औषधियां

रतिवल्लभरस, शुद्ध शिलाजीत, मकरध्वज, मन्मथ रस, शतावरी पाक, मूसली पाक, अश्वगन्धारिष्ट, चन्द्रकला रस, लवंगादि चूर्ण, कामचूड़ामणि रस, धातु पौष्टिक चूर्ण, अभ्रक भस्म, शुक्रवल्लभ रस, हीरा भस्म, स्वर्ण भस्म आदि औषधियां नपुंसकता की चिकित्सा हेतु वर्षों से प्रयोग की जाती रही हैं।

पेटेंट औषधियां

डिवाइन आनन्द प्लस कैप्सूल (बी.एम.सी. फार्मा), शुक्र संजीवनी वटी व शिवाप्रवंग स्पेशल (धूतपापेश्वर), मदन विनोद वटिका (झण्डु), एशरी फोर्ट कैपसूल (एमिल), टैन्टैक्स फोर्ट (हिमालय), केशरादिवटी (बैद्यनाथ), पालरिवीन फोर्ट व नियो गोलियां (चरक) आदि।

शुक्राणु वृद्धि

वीर्य में शुक्राणुओं की वृद्धि हेतु निम्न औषधियों का प्रयोग किया जा सकता है–

- तुलसी के बीज व गुड़ बराबर मात्रा में लेकर कूटें व मटर के बराबर की गोलियां बनाएं। 2-2 गोली सुबह-शाम दूध के साथ लें।
- सत गिलोय 1 भाग, सफेद मूसली 2 भाग, तालमखाने 3 भाग लेकर सबको कूट-पीस लें। तीनों के बराबर मिस्री मिला लें। एक-एक चम्मच गर्म दूध के साथ लें।
- शतावर, मुलेठी, सत गिलोय, शुद्ध शिलाजीत, वंशलोचन, तालमखाने, छोटी इलायची के बीज, पाषाणभेद, लौह भस्म व बंग भस्म सभी को समान मात्रा में लें। इन सबके वजन के बराबर मिस्री मिला लें। एक चम्मच दवा सुबह-शाम दूध के साथ लें।
- स्वर्ण भस्म 1 भाग, कस्तूरी 2 भाग, रजत भस्म 3 भाग, जावित्री 4 भाग, केशर 5 भाग, छोटी इलायची के बीजों का चूर्ण 5 भाग, जायफल का चूर्ण 6 भाग व वंशलोचन का चूर्ण 7 भाग लेकर अच्छी तरह मिला लें। पान के स्वरस में घोटकर मूंग की दाल के बराबर गालियां बना लें। 1-2 गोली शहद, मलाई या मक्खन के साथ लेकर ऊपर से दूध पी लें।

पेटेंट औषधियां

स्वामला कम्पाउन्ड (धूतपापेश्वर), एडीजोआ कैप्सूल (चरक), स्पीमेन गोलियां (हिमालय), सीमेन्टों गोलियां (एमिल), अश्वगन्धा कैप्सूल (माहेश्वरी), वाजीएम कैप्सूल, गोलियां व तेल (माहेश्वरी), डिवाइन हैल्थ प्लस कैप्सूल (बी.एम.सी. फार्मा)।

दांतों व मसूढ़ों के रोग

दांतों व मसूढ़ों के सामान्य रोग
(General Diseases of Gums & Teeth)

कारण
दांतों की समुचित सफाई न होने से तथा अधिक गर्म या ठण्डे पदार्थ लेने से दांतों व मसूढ़ों के रोग उत्पन्न होते हैं।

लक्षण
दांतों में ठंडा-गर्म लगना, कीड़ा लगना, दांतों का हिलना, दांतों में काली पपड़ी जमना, मसूढ़ों से खून आना आदि।

घरेलू चिकित्सा
- सेंधानमक को अत्यंत बारीक पीस लें। आधा चम्मच सेंधानमक के इस चूर्ण को चार गुना सरसों के तेल में मिलाकर हलके हाथ से सुबह के समय मसूढ़ों व दांतों की मालिश करें। बाद में पानी से मुंह साफ कर लें।
- सुबह नियमित रूप से नीम की दातुन करें।
- आधे चम्मच बारीक हलदी के चूर्ण में चार गुना सरसों का तेल मिलाएं और सुबह मसूढ़ों की मालिश करें। बाद में गुनगुने पानी से कुल्ले करें।
- आक की टहनियों को सुखा लें और सूखने पर जलाकर बारीक पीस लें। सरसों का तेल मिलाकर दांतों पर मलें। थोड़ी देर दांतों में से पानी निकलने दें, फिर गर्म पानी से कुल्ले कर लें।

- रीठे के छिलकों को लोहे की कड़ाही में जला लें। फिर इसमें भुनी हुई फिटकिरी बराबर मात्रा में मिलाकर बारीक पीसकर रखें। इसे मंजन की तरह सुबह-शाम प्रयोग करें।
- सेंधानमक, पिप्पली और जीरा सम भाग लेकर पीस लें और इस मंजन का प्रयोग करें।
- जामुन की छाल को सुखाकर कूट लें और मंजन की तरह प्रयोग करें।
- बरगद की जटाओं की दातुन करें।
- नीम की पत्तियां पानी में उबालकर कुल्ले करें।
- प्याज को पत्तियों समेत कूटकर, रस निकालकर उससे कुल्ले करें।

दांत दर्द

- फिटकिरी और लौंग बराबर मात्रा में पीसकर दांतों पर मलें। दर्द तुरंत दूर हो जाएगा।
- आधा चम्मय हलदी, 4 चम्मच अजवायन व 4 अमरूद के पत्तों को आधा लीटर पानी में उबालें और उतार लें। गुनगुना रह जाने पर इस के कुल्ले करें। दर्द में तुरंत आराम मिलेगा।
- हींग को गर्म करके दर्द वाले दांत पर दबाकर रखें, दर्द गायब हो जाएगा।
- कपूर दांतों के बीच में दबाकर रखने से थोड़ी देर में दांत दर्द दूर हो जाएगा।
- अदरक के टुकड़े पर नमक लगाकर दांत के नीचे दबाएं।
- हलदी को जलाकर बारीक पीस लें और मंजन की तरह प्रयोग करें।
- एक-एक चम्मच अनार और बेर की छाल के चूर्ण में दो लौंगें डालकर पानी में उबालें। छान कर इससे गरारे व कुल्ले करें।
- आम के पत्तों को सुखाकर व जलाकर चूर्ण बना लें। इस चूर्ण में थोड़ा सा नमक व सरसों का तेल मिलाकर मंजन करें।
- पुदीने के पत्ते सुखाकर मंजन की तरह प्रयोग करें। साथ में थोड़ा-सा नमक मिला सकते हैं।
- बादाम के छिलके जलाकर रख लें और पीसकर मंजन की तरह प्रयोग करें।
- अदरक को कूटकर उसका रस निकाल लें और इसके एक चम्मच रस में एक चुटकी नमक मिलाकर मसूढ़ों की मालिश करें।
- आंवले के चूर्ण में कपूर मिलाकर मंजन की तरह प्रयोग करें।

- दो सूखे अंजीर रात को इतने पानी में भिगोएं कि अंजीर पानी को सोख लें। सुबह उठकर इन अंजीरों को चबाएं।
- संतरे के छिलके सुखाकर अच्छी तरह कूट-पीसकर छान लें और मंजन करें।
- पालक के कच्चे पत्ते दिन में दो-तीन बार चबाएं। पालक व गाजर का जूस भी पिलाएं।
- रोगी को सप्ताह भर केवल अंगूर खिलाएं, मसूढ़ों व दांतों के सभी रोगों से मुक्ति मिल जाएगी।
- संतरे का रस रोगी को दिन में कई बार पिलाएं या संतरा खाने को दें।
- अनार का छिलका सुखाकर समान मात्रा में काली मिर्च व नमक के साथ पीस लें और मंजन की तरह प्रयोग करें।

आयुर्वेदिक औषधियां

लाल दंत मंजन, त्रिफला गुग्गुल, पंचक्षीरी वल्कल क्वाथ, लवंग तेल, यवक्षार, बकुलत्वक चूर्ण, खदिरादि वटी, लाक्षा चूर्ण आदि।

पेटेंट औषधियां

गम टोन पाउडर (चरक), जी-32 गोलियां (एलारसिन), लाल दंत मंजन (डाबर व वैद्यनाथ)।

गले के रोग

गले की सूजन (खराश)
(Pharyngitis)

कारण

गर्म भोजन के साथ ठंडा लेने, खांसी हो जाने तथा जुकाम का संक्रमण गले की ओर बढ़ जाने से गले में सूजन या खराश उत्पन्न हो जाती है।

लक्षण

भोजन निगलने में कठिनाई, गले में दर्द, खांसी आदि।

घरेलू चिकित्सा

- एक गिलास गुनगुने पानी में एक चम्मच नमक डालकर दिन में चार-पांच बार गरारे करें।
- फूली हुई फिटकिरी 1 चम्मच की मात्रा में एक गिलास गुनगुने पानी में डालकर उससे गरारे करें।
- दो चम्मच अजवायन को दो गिलास पानी में डालकर उबालें और काढ़ा बना लें। थोड़ा-सा नमक डालकर हर दो-तीन घंटे के बाद गरारे करें।
- सूखा धनिया और मिसरी बराबर मात्रा में लेकर मिलाएं। एक चम्मच की मात्रा में दिन में तीर-चार बार चबाएं।
- एक पाव दूध में आधा चम्मच हलदी का चूर्ण उबालें और एक चम्मच मिसरी मिलाकर सुबह-शाम लें।
- नीम की पत्तियां पानी में उबालें और गुनगुना रहने पर उससे गरारे करें।

- थोड़ी-सी सोंठ मुंह में रखकर चूसें।
- पके हुए शहतूत दिन में कई बार खाएं।

आयुर्वेदिक औषधियां

यष्टीमधु घनसत्व, शुंठी चूर्ण, मरिच चूर्ण का प्रयोग किया जा सकता है। इसके अतिरिक्त सैप्टीलिन गोलियां (हिमालय) भी लाभदायक होती हैं।

गलग्रंथि शोथ
(Tonsilitis)

कारण

पुराना जुकाम बिगड़ने, जीवाणु संक्रमण के कारण या बहुत ठंडा पेय आदि ले लेने पर गलग्रंथि में सूजन आ जाती है।

लक्षण

गले में दर्द रहता है व भोजन निगलने में कठिनाई होती है। सिर व शरीर में भी दर्द हो सकता है तथा बुखार भी आ सकता है।

घरेलू चिकित्सा

- बारीक पिसी हुई हलदी, काली मिर्च और मुश्क कपूर बराबर मात्रा में लेकर उन्हें तीनों के सम्मिलित वजन से दो गुने मिट्टी के तेल में डालकर 5-6 घंटे धूप में पड़ा रहने दें। अगले दिन छान कर रख लें और फुरेरी से गले में लगाएं।
- 50 ग्राम अलसी के बीज कूटकर 1 चम्मच घी में भून लें। ऊपर से पानी डालकर पुल्टिस बना लें। जब अधिक गर्म न रहे, तो कपड़े पर रखकर गले पर बांधें।
- हलदी और बायबिडंग को समभाग लेकर कूट लें। इसमें समभाग सेंधानमक लेकर तीनों को पानी में उबालें। पांच मिनट तक उबलने के बाद इसे कपड़े से छान लें और गुनगुना रहने पर गर्म पानी से सुबह-शाम गरारे करें।

- एक गिलास गर्म पानी में एक चम्मच नमक डालकर दिन में 3-4 बार गरारे करें।
- टमाटर के गर्म-गर्म सूप में काली मिर्च व काला नमक डालकर पिएं।
- गाजर के रस में काला नमक व काली मिर्च डालकर लें।

आयुर्वेदिक औषधियां

जातीफलादि बटी, स्वल्पपीतक चूर्ण, पञ्चकोलादि गुटी, द्राक्षादि चूर्ण, व्योषादि चूर्ण, व्याघ्री घृत, निम्ब क्वाथ।

पेटेंट औषधियां

सैप्टीलीन गोलियां (हिमालय), डीटोन्सी गोलियां (चरक)।

आंखों के रोग

नेत्रशोथ
(Conjuctivitis)

कारण

आंखों की सबसे आगे की झिल्ली में जो पलकों सहित पूरी आंख पर छाई रहती है, सूजन आना नेत्रशोथ कहलाता है। यह रोग ग्रीष्म ऋतु में और बच्चों में अधिक होता है। जीवाणु संक्रमण, असात्म्यता (एलर्जी) या किसी बाहरी वस्तु के आंख में गिर जाने से यह रोग होता है।

लक्षण

इस झिल्ली की रक्तवाहिनियों में रक्त अधिक मात्रा में भर जाता है, जिससे आंखों में लाली आ जाती है। लाली के साथ सूजन व खुजली भी हो सकती है। सुबह के समय पलकें चिपकी हुई होती हैं। आंखों से पानी निकलता है। प्रकाश में जाते ही आंखें चुंधियाने लगती हैं।

घरेलू चिकित्सा

- रसौत व फिटकिरी 5-5 ग्राम की मात्रा में लेकर 100 मि.ली. गुलाब जल में अच्छी तरह मिलाकर, छानकर रख लें। यह दवा 2-2 बूंद दोनों आंखों में दिन में तीन बार डालें।
- पांच ग्राम भुना हुआ सुहागा और इससे तीन गुना पिसी हलदी लेकर एक लीटर पानी में उबालें। निथारने के बाद रुई से या साफ कपड़े से भिगोकर आंखों की सिंकाई करें।

- ताजे आंवले का रस निकालकर व छानकर 2-2 बूंदें आंखों में डालें।
- शुद्ध शहद आंखों में सुबह व शाम को लगाएं।
- धनिए के एक चम्मच बीज 1 कटोरी पानी में उबालें और छानकर रख लें। इससे आंखों की सिकाई करें।

मोतियाबिंद
(Cataract)

कारण

दृष्टिपटल पर एक आवरण या झिल्ली बन जाने से यह रोग होता है। जीवाणु संक्रमण, मधुमेह, विकिरण, चोट आदि के कारण यह रोग हो सकता है। वृद्धावस्था में यह स्वाभाविक रूप से होने वाली प्रक्रिया है।

लक्षण

दृष्टिपटल पर झिल्ली का आवरण चढ़ जाने से साफ दिखाई नहीं देता, क्योंकि आंख से दिखाई देने वाला दृश्य दृष्टिपटल द्वारा पूर्ण या आंशिक रूप से ग्रहण नहीं हो पाता।

घरेलू चिकित्सा

आरंभिक स्थिति में इन दवाओं के प्रयोग से मोतियाबिंद की चिकित्सा संभव है, रोग बढ़ने पर शल्य क्रिया के अलावा कोई विकल्प नहीं है। फिर भी रोग की प्रारंभिक अवस्था में निम्न उपाय किए जाने से लाभ होता है :

- निर्मली के बीज बारीक पीसकर छान लें और सममात्रा में शहद मिला लें। इसे सुबह-शाम सुर्मे की भांति प्रयोग करें।
- शहद व प्याज का रस समान मात्रा में मिलाकर आंखों में लगाएं।
- अपामार्ग की जड़ को शहद में घिसकर लगाएं।
- शरपुंखा के बीजों को बारीक पीसकर सुबह-शाम आंखों में लगाएं।
- चौलाई के पत्तों का एक गिलास रस रोज पिएं।
- ककरौंदा के ताजे पत्तों का रस निकालकर व छानकर दो-दो बूंद सुबह व शाम आंखों में डालें।

- सौंफ व धनिए के बीज समान मात्रा में लेकर चूर्ण बनाएं। इनके बराबर देसी खांड़ मिलाकर रख लें। यह चूर्ण सुबह-शाम दो-दो चम्मच दूध के साथ लें।
- 1 चम्मच सौंफ सुबह-शाम अच्छी तरह चबाकर ऊपर से एक-एक गिलास गर्म दूध पिएं।
- स्वमूत्र दो-दो बूंद सुबह-शाम आंखों में डालें।

आयुर्वेदिक औषधियां

महा त्रिफला घृत, वासादिक्वाथ व अमृतादि गुग्गुल घृत का प्रयोग कर सकते हैं। स्थानीय प्रयोग हेतु चन्द्रोदयवर्ति, शिरीषबीजा धञ्जन या शंखाद्यंजन आंखों में लगाएं।

दृष्टिमंदता
(Retinopathy)

कारण

सामान्य से कम, धुंधला या अस्पष्ट दिखाई देना दृष्टिमंदता कहलाता है।

लक्षण

आंख की मध्यवाहिका में किसी विकृति आने या आंख की तिरछी सतह की वक्रता में किसी परिवर्तन के कारण यह रोग होता है। दृष्टि पटल की सूक्ष्म धमनियों में विकृति आने, वृक्क रोगों में तथा मधुमेह में भी यह स्थिति आ सकती है। पुराने जुकाम या कब्ज से भी इसकी संभावना हो सकती है।

घरेलू चिकित्सा

- यदि रोगी पुराने जुकाम अथवा कब्ज से पीड़ित हो, तो पहले उसकी चिकित्सा करें। इसी प्रकार वृक्क रोग या मधुमेह की शिकायत होने पर उसकी चिकित्सा करें।
- पांच बादाम रात को पानी में भिगोकर रखें। सुबह इसमें बराबर मात्रा में काली मिर्च डालकर पीस लें तथा मिसरी व मिर्च को दूध के साथ सेवन करें।

- सौंफ, बादाम की गिरी व कूजा मिस्री, तीनों को बराबर की मात्रा में लेकर कूटकर रख लें। दो चम्मच चूर्ण रात को सोते समय गर्म दूध से लें। बच्चों के लिए मात्रा एक चम्मच हो जाएगी।
- मुलेठी का पांच ग्राम चूर्ण आधा चम्मच शुद्ध घी व एक चम्मच शहद मिलाकर सुबह-शाम लें।
- हरड़, बहेड़ा, आंवला व मुलेठी बराबर मात्रा में लेकर चूर्ण बनाएं व एक-एक चम्मच, सुबह-शाम लें।

आयुर्वेदिक औषधियां

महात्रिफला घृत, सप्तमृत लौह, त्रिफला पाक, वासादि क्वाथ, अमृतादि गुग्गुल घृत, बलादि घृत या दशमूल घृत का प्रयोग दृष्टिमंदता में किया जा सकता है।

गुहेरी (पलकों में दाने निकलना)

(Stye)

कारण

आंखों की समुचित सफाई के अभाव में जीवाणु संक्रमण के कारण यह रोग होता है।

लक्षण

पलकों के बीच में दाने निकलते हैं, जिनमें लालिमा व दर्द होता है। बाद में दाने पककर फूट जाते हैं। कभी-कभी एक दाना ठीक होने पर दूसरा और दूसरा दाना ठीक होने पर तीसरा निकलता है और इस प्रकार दानें निकलते ही रहते हैं। आंखों की समुचित सफाई न करने से संक्रमण होने के कारण यह रोग होता है।

घरेलू चिकित्सा

- इमली के बीजों को पानी में भिगोकर उसका छिलका उतार लें। बीज की गिरी को पत्थर पर घिसकर आंख में लगाएं।
- हलके गर्म पानी की सेंक करें।
- त्रिफला एक-एक चम्मच सुबह-शाम दूध के साथ लें। त्रिफला रात को पानी में भिगोकर रखें व सुबह इस पानी को छानकर आंखों को धोएं।

आयुर्वेदिक औषधियां

चन्द्रोदय वर्ति, लोध्रादिसेक, धात्रीफलादि सेचन, निम्बपत्रादि योग का प्रयोग इस रोग की चिकित्सा हेतु बताया गया है।

रात्रि अन्धता (रतौंधी)

(Night Blindness)

कारण

विटामिन ए की कमी से होने वाले इस रोग में रोगी को रात में कम दिखाई देता है या बिलकुल भी दिखाई नहीं देता है।

एक वयस्क व्यक्ति को 2000 से 4000 कैलोरी की दैनिक आवश्यकता होती है। यह दूध व अंडे की जर्दी में, गाजर, पालक, टमाटर आदि सब्जियों में पाए जाने वाले बीटा कैरोटीन से आंतों द्वारा तथा यकृत में विद्यमान कैरोटीनेस द्वारा तैयार होता है। भोजन में उपरोक्त चिकनाईयुक्त पदार्थों व सब्जियों के अभाव से यह रोग उत्पन्न होता है। पुराने दस्तों, ग्रहणी व यकृत संबंधी रोगों में भी विटामिन ए की उत्पत्ति तथा संचय का कार्य बंद हो जाता है, जिससे रात्रि अंधता उत्पन्न हो सकती है।

लक्षण

रात में कम या बिलकुल दिखाई न देने के अतिरिक्त त्वचा में रूखापन रहता है। हड्डियों, आंतों व श्वासनली संबंधी रोग भी हो सकते हैं, क्योंकि विटामिन ए का इनकी कार्यप्रणाली के सुचारु रूप से संचालन हेतु महत्त्वपूर्ण योगदान है। गुर्दे में पथरी बनने की संभावना भी हो सकती है, क्योंकि इसके अभाव में गुर्दों के अंदर के इपीथीलियम सेल झड़ने शुरू हो जाते हैं।

घरेलू चिकित्सा

तीव्र रोग में विटामिन ए की 25000 से 50000 यूनिट प्रतिदिन की आवश्यकता होती है। दूध, गाजर, पत्ता गोभी, टमाटर आदि का प्रयोग पूरे दिन में उनमें पाई जाने वाली विटामिन ए की मात्रा के अनुसार किया जा सकता है।

विटामिन ए की 2000 यूनिट लगभग आधा लीटर दूध में या 30 ग्राम मक्खन से या आधा किलो गाजर से या आधा किलो बंद गोभी से या 3-4 अंडों से मिल जाती है। अतः विटामिन ए की कमी को पूरा करने के लिए टमाटर, पालक, गाजर व बंद गोभी की सब्जी रोगी को दिन में नाश्ते-भोजन आदि में खिलाएं, भोजन के साथ इनका सलाद भी लें। दिन में दो-तीन बार इनका रस पिएं। भोजन में मक्खन व दूध पर्याप्त मात्रा में लें।

- टमाटर का सूप अथवा पालक, बंद गोभी व गाजर का सूप लें।
- रोगी को चौलाई का साग नियमित रूप से खिलाएं।
- हरी सब्जियों में से पालक में सर्वाधिक विटामिन ए है। रात्रि अन्धता से बचाव और इसके इलाज हेतु पालक की सब्जी व सूप का अधिक-से-अधिक प्रयोग करें।
- दूध, मक्खन, अंडे की जर्दी में विटामिन ए पर्याप्त मात्रा में होता है, अतः इनका अधिकाधिक प्रयोग कराएं।

यदि दस्त, ग्रहणी अथवा किसी यकृत संबंधी रोग के कारण विटामिन ए के संचय और कार्यप्रणाली में आई गड़बड़ी इस रोग के लिए जिम्मेवार हो, तो निम्नलिखित चिकित्सा भी साथ में लें–

- पांचों नमक (सेंधा, काला, विड, समुद्र व सांभर) बराबर मात्रा में पीस लें और साधारण नमक के स्थान पर इसका उपयोग करें।
- गन्ने व मूली का रस (पत्ते सहित) 4 : 1 के अनुपात में रोगी को दें।
- 10 ग्राम तुलसी के पत्ते 250 ग्राम पानी में उबालें, एक चौथाई रह जाने पर उतार लें और ठंडा करके छानकर पिलाएं।

आयुर्वेदिक औषधियां

कुमार कल्याण रस, आमलकी रसायन, नवायस लौह, मण्डूर भस्म, पुनर्नवा मण्डूर।

नाक कान गले के रोग

नासास्रोत शोथ
(Sinusitis)

कारण

चेहरे की हड्डियों में स्थित गुहाएं (रिक्त स्थान) जोकि नाक से संबद्ध हैं, साइनस कहलाती हैं। ये श्लेष्म कला से ढकी रहती हैं एवं चार प्रकार की होती हैं और जिस हड्डी में स्थित हैं, उनके अनुसार इनका नामकरण किया गया है। जुकाम या इन्फ्लुएन्जा के उपद्रव के रूप में या संक्रमण के कारण इनमें सूजन आ जाने को साइनुसाइटिस या नासास्रोत शोथ कहते हैं।

लक्षण

किसी साइनस में शोथ होने पर एक ओर की नासिका से स्राव होता है, साथ ही वेदना की शिकायत भी रहती है। जिस साइनस में शोथ हो, उसी के अनुसार वेदना की प्रतीति भी माथे व चेहरे के विभिन्न भागों में होती है।

घरेलू चिकित्सा

- रोगी को पसीना आने वाली दवा दें, ताकि शोथ के कारण पूरी तरह या आंशिक रूप से बंद नासागुहा के छिद्र खुल जाएं। इसके लिए रोगी को अदरक, लौंग, काली मिर्च, बनफशा की चाय पिलाएं।
- एक ग्राम काली मिर्च को आधा चम्मच देसी घी में गर्म करें। ठंडा होने पर छान लें व 2-3 बूंद नाक के दोनों छिद्रों में तीन बार डालें।
- अदरक या सफेदे के पत्ते पानी में उबाल कर भाप लें।

- 5 ग्राम अदरक घी में भूनकर सुबह-शाम लें।
- 5 ग्राम अदरक को पाव भर दूध में उबालें। यह दूध नाक के नासाछिद्रों में भर कर रखें।
- जलनेति—1 लीटर पानी को नमक डाल कर उबालें। गुनगुना रहने पर टोंटीयुक्त लोटे में भरकर बाएं नाक से पानी लेकर दाएं से निकालें। फिर दाएं से लेकर बाएं नाक से निकालें। अंत में बारी-बारी से दोनों नाकों से पानी लेकर मुंह से निकालें।

पेटेंट दवाएं

सैप्टीलिन गोलियां (हिमालय), सीफाग्रेन गोलियां व नाक में डालने की दवा (चरक) इस रोग में अत्यंत लाभदायक है।

आयुर्वेदिक औषधियां

नाग गुटिका, व्योषादि वटी, चित्रकहरीतकी, अवलेह, षड्बिंदुतैल, अणुतेल आदि दवाओं का प्रयोग कर सकते हैं।

बहरापन
(Deafness)

कारण

केन्द्रीय तन्त्रिका तन्त्र में स्थित श्रवण केन्द्र रोगग्रस्त या क्षतिग्रस्त हो जाने से बाधिर्य हो सकता है। अन्तःकर्ण में स्थित श्रवण नाड़ी में शोथ या क्षीणता उत्पन्न होने से भी बधिरता हो सकती है। विष के प्रभाव से, लम्बे समय तक तम्बाखू के उपयोग से, फिरंग व संक्रमणजन्य तीव्र ज्वर के कारण भी यह नाड़ी प्रभावित हो सकती है। श्रवण मार्ग में अवरोध होने की स्थिति में बहरापन हो सकता है। कान के परदे पर चोट या संक्रमण होने तथा कान के अंदर विद्यमान छोटी अस्थियां रोगग्रस्त हो जाने पर भी बाधिर्य उत्पन्न हो सकता है।

लक्षण

सुनाई कम देना या बिल्कुल सुनाई न देना ही इस रोग का लक्षण है।

घरेलू चिकित्सा

यद्यपि कारण के अनुसार चिकित्सा अलग-अलग होती है। फिर भी निम्नलिखित सामान्य चिकित्सा इस रोग में दे सकते हैं–

- गेंदे के पत्तों का रस निकालकर सुबह-शाम कान में डालें।
- तारपीन के तेल में पांच गुना बादाम रोगन डालकर 15-20 मिनट तक खूब हिलाएं। रात को रूई का फाहा भर कर कान में डालें व सुबह निकाल दें।
- प्याज कूटकर 2-3 बूंद दिन में दो बार डालें।
- नीम की पत्तियां पानी में उबालें। ठंडा होने पर 2-3 बूंद सुबह-शाम कान में डालें।
- 100 ग्राम सरसों का तेल कड़ाही में गर्म करें। जब तेल गर्म हो जाए, तो दो करेले काटकर इसमें डाल दें। करेले जल जाएं तो कड़ाही उतार लें। ठंडा होने पर छानकर रखें व 2-3 बूंद सुबह-शाम पुनः गुनगुना कर के डालें।
- ताजा गो-मूत्र 2-3 बूंद सुबह-शाम डालें।

आयुर्वेदिक औषधियां

अपामार्गक्षार तेल, बिल्व तेल, दशमूल तेल, हिंगुत्रिगुण तेल, कर्ण बिंदु तेल का प्रयोग कर सकते हैं।

कान दर्द
(Otalgia)

कारण

कान के अंदर मैल फूल जाने, घाव हो जाने, कान में सूजन होने या संक्रमण के कारण कान में दर्द होता है। गले या नाक में संक्रमण होने पर समय रहते चिकित्सा न की जाए, तो उससे भी कान में संक्रमण हो सकता है।

लक्षण

कान का सूजना, कान से मल निकलना, कानों में रुक-रुक कर दर्द होना आदि।

घरेलू चिकित्सा

- तुलसी के पत्तों का रस निकालकर गुनगुना कर लें और दो-तीन बूंदें सुबह-शाम डालें।
- नीबू का रस गुनगुना करके 2-3 बूंद कान में डालें।
- प्याज का रस निकालकर गुनगुना करके 2-3 बूंद सुबह-शाम कान में डालें।
- बकरी का दूध उबाल कर ठंडा कर लें। जब गुनगुना रह जाए, तो इसमें सेंधानमक मिलाकर 2-3 बूंद दोनों कानों में टपकाएं।
- मूली के पत्तों को कूटकर उसका रस निकालें। रस की एक तिहाई मात्रा के बराबर तिल के तेल के साथ आग पर पकाएं। जब केवल तेल ही बचा रह जाए, तो उतार कर छान लें। कान में 2-3 बूंद डालें।
- कपूर व घी समान मात्रा में लेकर पकाएं। पकने पर उतार कर ठंडा कर लें व 2-3 बूंद कानों में डालें।
- आक के पत्तों का रस, सरसों का या तिल का तेल तथा गोमूत्र या बकरी का मूत्र बराबर मात्रा में लेकर थोड़ा गर्म करें और कान में 2-3 बूंदें डालें।
- लहसुन की दो कलियां छीलकर सरसों के तेल में डालकर धीमी आंच पर पकाएं। जब लहसुन जलकर काला हो जाए, तो उसे उतार कर ठंडा करें व छान कर। दो-तीन बूंदें कान में डालें।
- अदरक का रस, सेंधानमक, सरसों का तेल व शहद बराबर मात्रा में लेकर गर्म करके और गुनगुना होने पर 2-3 बूंद कान में डालें।
- आक की पकी हुई पीली पत्ती में घी लगाकर आग पर गर्म करें। इसे निचोड़कर रस निकालें व दो-तीन बूंदें कान में डालें।
- आम की पत्तियों का रस निकालकर गुनगुना करें व 2-3 बूंद कान में डालें।

आयुर्वेदिक औषधियां

महत्पंचमूल सिद्ध तेल, सुरसादि पक्व तेल का प्रयोग किया जा सकता है। रामबाण रस, लक्ष्मीविलास रस व संजीवनी वटी का प्रयोग खाने के लिए करें।

कान बहना
(Otorrhoea)

कारण

जुकाम, खांसी या गले के संक्रमण की चिकित्सा न की जाए, तो कान में भी संक्रमण हो जाता है। छोटे बच्चे जिनका गला खराब हो या खांसी हो, जब कान में मुंह लगाकर धीरे से कोई बात करते हैं, तो सांस के साथ रोग के जीवाणु कान में पहुंच जाते हैं। कान में फोड़ा-फुंसी हो, पानी, रुई या अन्य कोई बाहरी वस्तु कान में रह जाए, तो भी कान में संक्रमण हो सकता है।

लक्षण

रोगी के कान से बदबूदार स्राव या मवाद बाहर निकलती है।

घरेलू चिकित्सा

- लहसुन की 2 कलियां व नीम की दस कोंपलें तेल में गर्म करें। दो-दो बूंद दिन में तीन-चार बार डालें।
- 150 ग्राम सरसों का तेल किसी साफ बरतन में डालकर गर्म करें और गर्म होने पर 10 ग्राम मोम डाल दें। जब मोम पिघल जाए तो आग पर से उतार लें और इसमें 10 ग्राम पिसी हुई फिटकरी मिला दें। 3-4 बूंद दवा कान में सुबह-शाम डालें।
- 2 पीली कौड़ी का भस्म 200 मिली ग्राम व दस ग्राम गुनगुने तेल में डालें। छानकर 2-3 बूंद कान में डालें।
- नीबू के रस में थोड़ा-सा सज्जीखार मिलाकर 2-3 बूंद कान में टपकाएं। आग से उतार कर ठंडा करें व छानकर रख लें। 2-3 बूंद कान में डालें।
- 10 ग्राम रत्नजोत को 100 ग्राम सरसों के तेल में जलाएं। ठंडा होने पर छानकर रखें और 2-3 बूंद कान में डालें।
- धतूरे की पत्तियों का रस निकालकर थोड़ा गुनगुना करें व 2-3 बूंद कान में डालें।
- नीम की पत्तियों का रस 2-3 बूंद कान में डालें।
- तुलसी की पत्तियों का रस 2-3 बूंद कान में डालें।

* आधा चम्मच अजवायन को सरसों या तिल के तेल में गर्म करें। फिर आंच से उतार लें। गुनगुना रह जाने पर 2-3 बूंद डालें।

आयुर्वेदिक औषधियां

आरग्वधादि क्वाथ से कान को धोएं। पंचवकल क्वाथ या पंचकषाय क्वाथ का प्रयोग भी किया जा सकता है। समुद्रफेन चूर्ण का प्रयोग भी लाभदायक होता है।

त्वचा रोग

शीतपित्त
(Urticaria)

कारण
त्वचा में उभरे हुए, स्पष्ट किनारों वाले, खुजलीयुक्त लाल रंग के चकत्तों को शीतपित्त कहा जाता है। ये चकत्ते अस्थायी होते हैं। वातावरण में उपस्थित किसी भी तत्व भोजन, दवा, वस्त्र द्वारा शरीर में पैदा हुई असात्म्यता (एलर्जी) के कारण ऐसे चकत्ते शरीर में होते हैं। पेट में कीड़े होने पर भी ऐसे चकत्ते हो जाते हैं। जीवाणु संक्रमण के अतिरिक्त भावनात्मक उद्वेग के कारण भी यह संभव है। शीतल जल या वायु के संपर्क में आने से भी लक्षण प्रकट हो सकते हैं।

लक्षण
त्वचा में स्पष्ट किनारों वाले, खुजली युक्त उठे हुए उभार हो जाते हैं। गले या जीभ में सूजन भी हो सकती है। कभी-कभी सांस लेने में कठिनाई, सिर दर्द, पेट दर्द के लक्षण भी मिल सकते हैं।

घरेलू चिकित्सा
- यदि पेट में कीड़ों के कारण शीतपित्त के लक्षण प्रकट हुए हों, तो कीड़ों की चिकित्सा करें।
- नीम के पानी में नमक मिलाकर रोगी को पिलाएं व उलटी करा दें।
- 2 ग्राम अजवायन को दोगुने गुड़ में मिलाकर सुबह-शाम लें।
- 1 ग्राम नीम के पत्तों का चूर्ण घी में मिलाकर चटाएं।

- सोंठ, पिप्पली, काली मिर्च व अजवायन सभी समान भाग लेकर कूट-पीस लें। आधा-आधा चम्मच सुबह-शाम लें।
- 2 चम्मच अदरक का रस 15-20 ग्राम गुड़ के साथ सुबह-शाम सेवन करें।
- 1-2 ग्राम गेरू 1 चम्मच शहद या घी में मिलाकर सेवन करें।

आयुर्वेदिक औषधियां

हरिद्राखण्ड, अमृतादिक्वाथ, सूतशेखर रस, त्रिकटु चूर्ण व अरटीप्लेक्स गोलियां (चरक) लाभदायक होती हैं।

फोड़े-फुंसियां
(Boils)

कारण

गर्मी के दिनों में अथवा अन्य कारण वश शरीर में फोड़े-फुंसियां निकल जाते हैं, जो बेहद कष्ट देते हैं। त्वचा की स्नेह ग्रंथियों से अधिक मात्रा में स्राव होने, खट्टे या मीठे पदार्थों का सेवन अधिक करने, शरीर की भलीभांति सफाई न करने आदि कारणों से शरीर में फोड़े-फुंसियां निकल आते हैं। गर्मी के मौसम में धूप में अधिक रहने या गर्मी वाले स्थान पर अधिक समय तक कार्य करने से आए पसीने से रोमकूप रुक जाते हैं। ऐसे में यदि किसी अच्छे साबुन से दिन में कई बार शरीर की सफाई न की जाए, तो रुके हुए रोमकूपों के नीचे फोड़े-फुंसियां बन जाते हैं। इसके अतिरिक्त त्वचा पर खुजलाने से यदि कोई क्षत हो जाए, तो जीवाणु संक्रमण से फोड़े-फुंसी हो सकते हैं।

लक्षण

शुरू में त्वचा पर लाल दानें बनते हैं, जिनमें दर्द व सूजन होती है। पकने पर फोड़े में मवाद बन जाती है—जो फूटने पर निकलती है।

घरेलू चिकित्सा

- यदि फोड़ा निकलना शुरू हुआ हो, तो पीपल का पत्ता गर्म करके सीधी ओर से फोड़े पर बांध दें, फोड़ा वहीं बैठ जाएगा।

- कनेर की जड़ की छाल को पानी में पीसकर फोड़े पर लेप करने से फोड़ा फूट जाता है।
- 50 ग्राम गेरू व 3 ग्राम नीला थोथा मिलाकर बारीक पीस लें। पिसी हुई यह दवा 4 गुना सरसों के तेल में मिलाकर लगाएं।
- कचूर बारीक करके पीस लें व 1-1 ग्राम सुबह-शाम पानी के साथ खिलाएं।
- प्याज कूट-कूटकर तथा उसकी पुल्टिस बनाकर बांधने से फोड़ा जल्दी पक कर फूट जाता है।
- आटे में हलदी, गुड़ और सरसों का तेल मिलाकर पुल्टिस बांधने से फोड़ा जल्दी पककर फूट जाता है।
- नीम की 10 कोपलें सुबह खाली पेट चबाकर खाएं।
- रोगी को सहजन की सब्जी बनाकर खिलाएं। सहजन की जड़ की छाल को कूटकर और इसके पत्तों का रस मिलाकर फोड़े पर बांध दें।
- चिरायता रात को भिगो कर रखें, सुबह रोगी को पिलाएं।

आयुर्वेदिक औषधियां

सारिवाद्यारिष्ट, महामंजिष्ठाद्यारिष्ट, सारिवाद्यासव, खदिरारिष्ट, महामंजिष्ठादि क्वाथ आदि रोगी को दे सकते हैं।

पेटेंट औषधियां

साफी, सुरक्ता व एमीप्योर शर्बत, नीमेलिया सीरप, गोलियां, पाउडर व तेल (माहेश्वरी), निम्बोलीन कैप्सूल (संजीवन)।

दाद
(Ring Worm)

कारण

त्वचा का यह रोग फफूंदी के कारण उत्पन्न होता है। यह रोग शरीर में कहीं भी हो सकता है, लेकिन जांघ आदि स्थानों पर विशेष रूप से होता है।

लक्षण

त्वचा में खुजली होती है तथा संक्रमण के स्थान पर गोलाकार बाहरी सीमा वाला घेरा-सा बन जाता है, जिसमें दानें या पपड़ी-सी बन जाती है।

घरेलू चिकित्सा

- दाद पर आक का दूध लगाएं।
- नीम के पत्तों को दही में पीसकर दाद पर लगाएं।
- हलदी को बारीक पीसकर पानी में मिलाकर लगाएं।
- ढाक के बीजों को पीसकर दाद पर लगाएं।
- सहजन की जड़ की छाल पीसकर लगाएं।
- पपड़िया नौसादर व आंवलासार गंधक सममात्रा में तिल के तेल में मिलाकर अच्छी तरह घोट लें। नीम के पानी से साफ कर यह दवा दाद पर लगाएं।
- आंवलासार गंधक व कपूर बराबर मात्रा में लेकर दोनों के पांच गुना मिट्टी के तेल में घोंटकर दाद पर लगाएं।

आयुर्वेदिक औषधियां

पारदादि मलहम स्थानिक प्रयोग हेतु व आरोग्यवर्धिकी वटी खाने के लिए प्रयोग करें।

पेटेंट औषधियां

स्किनेल मलहम (चरक)।

खुजली
(Scabies)

कारण

एकेरस स्केबीयाई से होने वाला यह एक छूत का रोग है, जो एक दूसरे के वस्त्र प्रयोग करने, एक ही बिस्तर पर सोने से परस्पर हो जाता है। शरीर के जिस भाग में त्वचा मृदु और पतली हो, वहां कृमि आसानी से प्रवेश कर जाते हैं। कलाई के आगे वाले भाग पर, बगलों, जांघों, अंडकोष, शिश्न व अंगुलियों के बीच में इस रोग का कृमि आसानी से प्रवेश कर जाता है।

लक्षण

शुरू-शुरू में खुजली होती है। खुजली का स्थान सर्वप्रथम हाथों में अंगुलियों के बीच में तथा हाथों के पीछे होता है। बाद में खुजलाने पर दानें बन सकते हैं। एक साथ रहने वाले कई व्यक्तियों में यदि खुजली के लक्षण हैं, तो यही रोग समझना चाहिए।

घरेलू चिकित्सा

नीम के पानी से नहा कर, पोंछकर 5-10 प्रतिशत वाले शुद्ध गंधक के मिश्रण का लेप करें। कपड़े भी गर्म पानी में उबालकर धोएं व तेज धूप में सुखाएं। शुद्ध गंधक को 8 गुना कड़वे तेल में मिलाकर भी लगा सकते हैं।

आयुर्वेदिक औषधियां

महामरिच्यादि तेल स्थानिक प्रयोग हेतु व शुद्ध गन्धक अथवा ब्राह्मी वटी खाने के लिए प्रयोग करें।

बिवाई
(Cracks)

कारण

आयुर्वेद में एड़ियां फटने की स्थिति का वर्णन विपादिका के नाम से किया गया है। इसमें अत्यधिक तकलीफ होती है तथा एड़ियों में दरारें पड़कर खून निकलने लगता है। पैरों की उचित देखभाल न होने से एड़ियों में बिवाइयां फटती हैं। यह बीमारी स्त्रियों में अधिक होती है, क्योंकि स्त्रियां अधिकतर चप्पल ही पहनती हैं।

लक्षण

एड़ियों में दरारें आकर फट जाती हैं। जिससे चलने में कठिनाई, जलन व दर्द होता है।

घरेलू चिकित्सा

- रोज रात को गर्म पानी में नमक डालकर एड़ियों को डुबोकर रखें। कोई भी दवा उसके बाद लगाएं। नहाते समय भी पैरों को रगड़ कर साफ करें।
- अजवायन को बारीक पीसकर व शहद में मिलाकर रात में बिवाइयों में लगाएं व सुबह उठकर गोमूत्र या स्वमूत्र से धो लें।
- एरंड के बीजों को पीसकर बिवाई में लगाएं।
- पुराना गुड़, मोम, सेंधानमक, गुग्गुल व राल सम मात्रा में लेकर बारीक पीस लें। इसमें दोगुनी मात्रा में गाय का घी मिलाकर मलहम बनाकर रख लें। रात को नमक मिले गर्म पानी से पैर धोकर, पोंछकर लगाएं।

आयुर्वेदिक औषधियां

सैन्फवादि लेप व मदनादिलेप का प्रयोग बिवाइयों की चिकित्सा हेतु करते हैं।

एथलीट पांव
(Athlete's foot)

कारण

यह रोग एक फफूंदी के संक्रमण के कारण होता है। उंगलियों के बीच के भाग की समुचित सफाई न होने, बगैर पोंछे जूते पहन लेने, दिन में अधिकांश समय जूते ही पहने रहने आदि कारणों से यह रोग होता है। इसके अलावा अधिक समय तक पानी में पांव भीगे रहने से भी यह रोग हो जाता है।

लक्षण

इस रोग में पांव की उंगलियों के बीच में छाले व घाव हो जाते हैं, जिनमें से पानी निकलता है। उंगलियों के बीच का भाग गल-सा जाता है और पैरों में से दुर्गंध आने लगती है।

घरेलू चिकित्सा

- जुराब व जूते साफ रखें, जूतों में बंद पैरों में हवा लगती रहे, ताकि पसीना न आए।
- गर्म पानी में नमक डालकर सुबह-शाम उंगलियों को साफ करें। जुराब, जूते अच्छी तरह पोंछ कर पहनें।
- हलदी को बारीक पीसकर सरसों के तेल में मिलाकर लगाएं।
- नीम का तेल लगाएं।

मस्से
(Warts)

कारण

शरीर के किसी भी हिस्से में त्वचा से बाहर अंकुर के रूप में मस्से उभर आते हैं। यह वायरस जन्य रोग है जो विशेष चिंता, तनाव आदि मानसिक भावों के कारण विशेष रूप से होता है।

घरेलू चिकित्सा

- धनिया, लोध्र और तज समान मात्रा में लेकर पानी के साथ पीसें व मस्सों पर लेप करें। धनिया अकेले भी पीसकर लगा सकते हैं।
- सीपी की राख सिरके में मिलाकर लगाएं।
- चूना और घी बराबर मात्रा में लेकर फेंटकर रख लें व दिन में तीन-चार बार लगाएं।
- एरंड के तेल की मालिश सुबह-शाम करें।
- अदरक का रस और चूना मिलाकर मस्सों पर लगाएं।

आयुर्वेदिक औषधियां

काशीशादि तैल का प्रयोग लगभग 2 सप्ताह तक करें।

कुनख
(Tinea Unguium)

कारण

यह फफूंदी के संक्रमण से होने वाला रोग है, जिससे नाखून में विकृति आ जाती है। नाखून में संक्रमण फैल जाने के बाद नाखून मोटा व कुछ सफेद, भूरे रंग का हो जाता है। नाखून कुछ ऊपर भी उठ जाता है। नाखून के अगले सिरे के नीचे छिलकों का एक धूसर रंग का ढेर-सा दिखता है। नाखून बाद में खुरदरा और भंगुर होता चला जाता है।

लक्षण

नाखून में संक्रमण मंडल (सोरायसिस) रोग में भी होता है, परंतु दोनों में अंतर है। यदि फफूंदी का संक्रमण है, तो नाखून आगे से पीछे की ओर बढ़ता है। मंडल रोग के कारण नाखून में होने वाली विकृति में नाखून विवर्ण, मोटा व गढ़े प्रकार का होता है।

घरेलू चिकित्सा

- नाखून में सुहागे का चूर्ण भर दें।
- एक चम्मच त्रिफला चूर्ण रात को सोते समय पानी के साथ लें व त्रिफले के पानी से नाखून धोएं।
- नीबू का रस नाखूनों पर रगड़ें।
- यदि मंडल के कारण नाखूनों में विकृति हो, तो मंडल चिकित्सा के अंतर्गत वर्णित दवा प्रयोग करें।

सफेद दाग
(Leucoderma)

कारण

शरीर पर सफेद चकत्तों के रूप में दिखने वाला यह रोग है। इसमें शरीर के वे अंग जहां चकत्ते हैं, बाद में जाकर शून्य हो जाते हैं।

त्वचा की कोशिकाओं में रंजक तत्व 'मैलेनिन' की न्यूनता होने से यह रोग होता है। आयुर्वेद में इसका श्वित्र के नाम से उल्लेख आया है। सूर्य की अल्ट्रावायलट किरणें इस रोग की उत्पत्ति में सहायक होती हैं। आनुवंशिक रूप से भी इस रोग की प्रवृत्ति पाई जाती है। रक्त में तांबे की कमी भी इस रोग की उत्पत्ति में मुख्य कारणों में से है।

लक्षण

शरीर के किसी भी भाग की त्वचा सफेद रंग की हो जाती है।

घरेलू चिकित्सा

इस रोग में खटाई का पूर्णतः परहेज करें तथा धूप से बचें। नमक रहित भोजन से जल्दी आराम मिलता है।

- बावची के तेल की 10 बूंदें बताशे में डालकर सुबह खाली पेट रोगी को खिलाएं।
- अंजीर के पत्तों का रस सुबह-शाम लगाएं।
- करेले का 4-4 चम्मच रस सुबह-शाम लें।
- कलौंजी के बीज पानी में पीसकर प्रभावित स्थान पर लेप करें।
- आंवले का रस 4-4 चम्मच सुबह-शाम लें या आंवले का चूर्ण 2-2 चम्मच सुबह-शाम लें।
- आधा-आधा चम्मच चंदन का चूर्ण सुबह-शाम दूध या पानी के साथ लें।
- सूरजमुखी का तेल सुबह-शाम एक-एक चम्मच की मात्रा में पिएं।
- नीम का तेल और चालमोंगरा का तेल समान मात्रा में मिलाकर रख लें और प्रभावित स्थान पर सुबह-शाम लगाएं।
- कुटज की छाल का चूर्ण 1-1 चम्मच सुबह-शाम लें।
- सहिजन या करेले जैसी कड़वे स्वाद वाली सब्जियों का प्रयोग करें।

आयुर्वेदिक औषधियां

सोमराजी योग, सोमराजीबीज घृत, बाकुचीहरीतकी चूर्ण, बाकुच्चादिवटी तथा कुष्ठराक्षस तेल का उपयोग किया जा सकता है।

पेटेंट औषधियां

पिगमैन्टो गोलियां (चरक), आमलकी रसायन (वैद्यनाथ)।

मंडल रोग
(Psoriasis)

कारण

भावनात्मक उद्दीपन के साथ शरीर में रक्त की अशुद्धि होने से यह रोग होता है।

लक्षण

बाहरी वस्तुओं के संपर्क में अधिक आने वाले कोहनी, घुटने, कमर व पीठ आदि अंगों पर स्पष्ट किनारों वाला, ऊपर उठे हुए छोटे-छोटे दानें निकलते हैं, जिन पर सफेद रंग का छिलका होता है। ये सूखे-से एवं लाल रंग के होते हैं। आकार में धीरे-धीरे बढ़ते हुए इसका व्यास लगभग 3 से. मी. तक हो जाता है। आकार में बढ़ते जाने से आसपास के दानें मिलकर जाल की तरह दिखते हैं। ये प्रायः शरीर में दोनों ओर आमने-सामने निकलते हैं। आकार में गोल होने के कारण ही आयुर्वेद में इस रोग को मंडल के नाम से कहा गया है। जहां-जहां चकत्ते बनते हैं, वहां बाल नहीं रहते।

घरेलू चिकित्सा

1-1 चम्मच कुटे हुए कुटकी व चिरायता लेकर चीनी मिट्टी या कांच के बरतन में एक कटोरी पानी में रात को भिगो दें। सुबह पानी निथार कर व छानकर पी लें। पुनः उस पात्र में अगले दिन के लिए पानी डाल दें। एक बार का डाला चिरायता व कुटकी चार दिन तक प्रयोग में लाएं व चार दिन के बाद उसे फेंक दें। इस प्रकार हर चार दिन बाद दवा बदलते रहें। लगभग दो माह के प्रयोग से रोग ठीक हो जाएगा।

- गोपाल कर्कटी के फल को पीसकर उसका रस लगाएं।
- बादाम को पीसकर थोड़े-से पानी में इतना उबालें कि वह चटनी की तरह गाढ़ा हो जाए। इसे रात को सोते समय लगाएं व सुबह उठकर धो लें।

- नीबू का रस लगाएं।
- एक चम्मच चंदन का चूर्ण एक गिलास पानी में उबालें। एक तिहाई रह जाने पर इसे उतार लें व ठंडा होने के बाद एक चम्मच गुलाब जल मिलाकर पिएं। ऐसी एक मात्रा दिन में तीन बार सेवन करें।
- करेला, सहिजन, नीम के फूल आदि स्वाद में कड़वे आहार द्रव्यों का प्रयोग करें। नमक, दही, मिर्च-मसालों का परहेज करें।

आयुर्वेदिक औषधियां

कुष्ठराक्षस तेल, गुग्गुल तिक्कतक घृत, चित्रक गुटी, राजराजेश्वर रस, चित्रकादि लेप, गण्डौरादि लेप का प्रयोग इस रोग में सफलतापूर्वक किया जा सकता है।

कुष्ठ
(Leprosy)

कारण

यह रोग माइकोवैक्टीरियम लेप्री नामक जीवाणु के संक्रमण से फैलता है। शरीर में प्रविष्ट होने के तीन-चार वर्ष बाद इसका संक्रमण त्वचा में प्रकट होता है। रोग का जीवाणु रोगी के रोगग्रस्त भाग में तथा नाक के स्राव में पाया जाता है।

लक्षण

प्रारंभ में रोगी के शरीर के विभिन्न अंगों में खुजली होने लगती है। धूप में जाने या थोड़ी-सी मेहनत करने पर त्वचा में जलन होने लगती है। धीरे-धीरे त्वचा सुन्न होने लगती है और उसमें लाल-लाल चकत्ते बनने लगते हैं, जिनमें से मवाद निकलने लगती है। बाद में इस जगह पर घाव बन जाते हैं।

घरेलू चिकित्सा

- शरपुंखा का अर्क 6-7 चम्मच की मात्रा में दिन में तीन बार रोगी को दें।
- मेहंदी के 20 ग्राम पत्ते रात को पानी में भिगो दें। सुबह अच्छी तरह से पत्तों को मसलकर छान लें और शहद मिलाकर रोगी को खाली पेट खिलाएं।
- एक भाग मीठा तेलिया व दो भाग काली मिर्च लें। इन दोनों के बराबर काली हरड़ लें। काली हरड़ के बराबर ही चित्रक की छाल लें। इनको

बारीक पीसकर इसमें थोड़ा-सा गाय का घी मिला लें। अब इसमें चार गुना शहद मिलाकर अवलेह बना लें। एक चम्मच दवा खाली पेट गुनगुने पानी के साथ रोगी को दें।

- एक चम्मच आंवला चूर्ण को एक चम्मच गाय के घी व 2 चम्मच शहद के साथ मिलाकर दिन में तीन बार दें।
- काले तिल व बावची के बीजों की मींगी का चूर्ण बराबर मात्रा में कूटकर रख लें। एक-एक चम्मच चूर्ण सुबह-शाम बराबर की मात्रा में शहद के साथ लें।
- गिलोय का 2 चम्मच रस खाली पेट रोगी को दें। फिर थोड़ी देर बाद 2 चम्मच काले तिल रोगी को चबाने को दें। ऊपर से मिसरी मिला हुआ पाव भर दूध रोगी को पिलाएं।
- तुलसी की 10-15 ताजी पत्तियां पीसकर आधा पाव दही में मिलाकर सुबह-शाम रोगी को खिलाएं। दही के विकल्प के रूप में 4 चम्मच शहद का प्रयोग किया जा सकता है।
- काली मिर्च, आंवला, गोमूत्र में शुद्ध की हुई बावची, हरड़ की छाल व बहेड़े की छाल प्रत्येक एक भाग तथा नीम के फूल, पत्ते, जड़ व बीज प्रत्येक दो भाग लें। सबको पीसकर, छानकर लें। एक-एक चम्मच दवा प्रातः व सायं चार चम्मच मंजिष्ठादि क्वाथ के साथ दें।
- रोगी को करेला, जिमीकन्द, बथुआ व लहसुन का प्रयोग अधिक कराएं। खटाई व मीठे का पूर्णतः परहेज कराएं।
- नीम व चालमोंगरा का तेल बराबर मात्रा में मिलाकर रख लें व सुबह-शाम घावों पर लगाएं।
- केले की जड़ को सुखाकर व जलाकर पीस लें। 1 ग्राम यह दवा एक चम्मच शहद मिलाकर सुबह-शाम लें।

एग्जिमा
(Eczema)

कारण

इस रोग में त्वचा पर छोटे-छोटे दानें या चकत्ते बन जाते हैं, जिनमें खुजली व जलन होती है। आयुर्वेद में पामा के नाम से इस रोग का वर्णन किया गया है।

किसी भी द्रव्य के प्रति शरीर में असात्म्यता (एलर्जी) उत्पन्न होने से यह रोग होता है। तनाव, चिंता, आदि मानसिक विकार भी रोग की उत्पत्ति में सहायक कारण हैं। आनुवंशिक रूप में भी यह रोग पीढ़ी-दर-पीढ़ी चलता है। धूप, साबुन, ऊनी या सिंथेटिक कपड़ों से भी एलर्जी उत्पन्न हो जाती है।

लक्षण

खुजली व दानें पड़ना, दोनों ही मुख्य रूप से इस रोग के लक्षण हैं।

घरेलू चिकित्सा

- पके केले के गूदे को नीबू के रस में पीसकर दानों पर लगाएं।
- कटहल के पत्तों को पीसकर लेप करें।
- तुलसी की 20 पत्तियां सुबह खाली पेट चबाएं।
- पाव भर सरसों का तेल लोहे की कड़ाही में उबालें। जब उबलने लगे, तो उसमें 50 ग्राम नीम की कोंपलें डाल दें। जब नीम की कोंपलें जलकर काली पड़ जाएं, तो कड़ाही उतार लें व तेल को छानकर रख लें। दिन में 2-3 बार यह तेल लगाएं।

आयुर्वेदिक औषधियां

सिंदूरादि तेल, दूर्वादि तेल, हरिद्रादि तेल, मरिचादि तेल, गंधक पिष्टी तेल व तुम्बरू आदि चूर्ण का स्थानीय प्रयोग इस रोग में करते हैं।

अन्त में....

हम आशा करते हैं कि प्रस्तुत पुस्तक में आपके रोगों की घरेलू उपचार संबंधी सम्पूर्ण जिज्ञासाओं का समाधान हो गया होगा। अपनी अन्य जिज्ञासाओं के समाधान हेतु आप हमारे यहाँ से प्रकाशित चिकित्सा उपचार कोई दूसरी पुस्तक लेकर अपने ज्ञान में वृद्धि कर सकते हैं।

आत्म-विकास/व्यक्तित्व विकास

Also Available in Hindi   Also Available in Hindi   Also Available in Kannada, Tamil

Also Available in Kannada

Also Available in Kannada

हमारी सभी पुस्तकें www.vspublishers.com पर उपलब्ध हैं

धर्म एवं आध्यात्मिकता/ज्योतिष/हस्तरेखा/वास्तु/सम्मोहन शास्त्र

कैरियर एण्ड बिजनेस मैनेजमेंट

     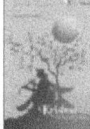

Also Available in Hindi, Kannada

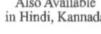

  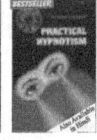   

Also Available in Hindi, Kannada

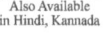

   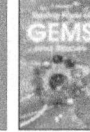  

हमारी सभी पुस्तकें www.vspublishers.com पर उपलब्ध हैं

क्विज़ बुक

एक्टिविटीज बुक

उद्धरण/सूक्तियाँ

आत्मकथा

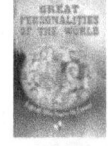

आई ई एल टी एस टेक सीरीज

इंग्लिश इम्प्रूव

चिल्ड्रंस साइंस लाइब्रेरी

कम्प्यूटर्स बुक

Also available in Hindi

Also available in Hindi

हमारी सभी पुस्तकें www.vspublishers.com पर उपलब्ध हैं

छात्र विकास

प्रश्नोत्तरी की पुस्तकें

ड्राइंग बुक्स

Free Water Colours & Paintbrush

लोकप्रिय विज्ञान

Also Available in Hindi

Also Available in Hindi

Also Available in Hindi

Also Available in Hindi

Also Available in Hindi

Also Available in Hindi

Also Available in Hindi, Tamil & Bangla

चिल्ड्रंस एंसाइक्लोपीडिया

हमारी सभी पुस्तकें www.vspublishers.com पर उपलब्ध हैं

हिन्दी साहित्य

संगीत/रहस्य/जादू एवं तथ्य

Also Available in Hindi

कथा एवं कहानियाँ

NEW All Books Fully Coloured

बच्चों की कहानियाँ

बांगला भाषा की पुस्तकें

हमारी सभी पुस्तकें www.vspublishers.com पर उपलब्ध हैं

माता–पिता विषयक/बाल–विकास   परिवार एवं कुटुम्ब

  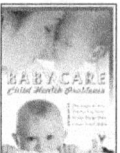   

पाक-कला/खान पान

Also available in Hindi

घर की देखभाल

सेहत की देखभाल

क्लासिक सीरीज

हमारी सभी पुस्तकें **www.vspublishers.com** पर उपलब्ध हैं

www.ingramcontent.com/pod-product-compliance
Lightning Source LLC
LaVergne TN
LVHW051158080426
835508LV00021B/2691
* 9 7 8 9 3 5 0 5 7 6 9 1 5 *